나를 이끄는
목적의 힘

目的高于一切

编著：陈冰郎

The Power of Purpose

나를 이끄는
목적의 힘

천빙랑(陳冰郎) 지음
남혜리 옮김

아인북스

나를 이끄는 목적의 힘

초판 1쇄 2009년 1월 20일
초판 2쇄 2009년 3월 10일

지은이 ｜ 천빙랑(陳氷郎)
옮긴이 ｜ 남혜리
펴낸곳 ｜ 아인북스
펴낸이 ｜ 윤영진
등록번호 ｜ 제305-2008-00019호
주소 ｜ 서울시 동대문구 신설동29-1 신설빌딩 307호
전화 ｜ 02-926-3018 팩스 ｜ 02-926-3019
메일 ｜ 365book@hanmail.net

ISBN ｜ 978-89-91042-26-1   03320
정가 ｜ 12,000원

어떤 철학자는 "일편단심으로 한 가지 목표만을 생각하고 온 마음으로 그 목표를 향해 나아가면, 전 세계도 자신에게 길을 내어줄 것이다."라고 말했다. 목표가 없는 사람은 키잡이가 없는 배처럼 방향을 잃고 파도에 떠밀려가, 결국 실패와 침몰이라는 해안에 닿게 될 것이다.

파나소닉의 창업자 마쓰시타 고노스케松下幸之助는 일찍이 젊은이들에게 이렇게 충고했다.

"목표가 없으면 진취적인 사람이 될 수 없습니다. 그러면 성공할 수도 없지요. 자신만의 목표를 세우고, 그 목표를 향해 달려가십시오. 그것이 바로 성공 비결입니다." 목표가 없는 사람은 존재의 의미가 없기 때문에 희망 없는 삶을 살 수밖에 없는 것이다.

다시 말해, 명확한 목표는 성공하기 위한 필수조건이므로, 되고 싶은 것이 없는 사람은 영원히 성공할 수 없다.

명석한 두뇌만이 유일한 경쟁력은 아니다! 주머니 속 돈이 재산의 전부도 아니다! 확실한 목표야말로 성공을 향해 달려갈 수 있는 훌륭한 원동력이다. 따라서 목적을 명확하고 구체적으로 세운 사람일수록 더 빨리 성공할 수 있는 것이다.

《나를 이끄는 목적의 힘》을 통해 여러분들이 '목적이 있어야 전진할 힘이 생기고, 의미 있는 인생을 살 수 있다'는 사실을 알게 되길 바란다. 일상에서부터 목표를 가장 우선시하는 원칙을 지켜보자. 추구하는 목적 앞에서는 어떤 변명도 통하지 않는다. 그저 처음부터 끝까지 열심히 달려야 하며, 그래야 다채롭고 만족스러운 인생을 살 수 있다.

목차

목표는 인생의 방향을 제시한다

인생을 산다는 것은
넓은 바다를 항해하는 것과 같다.

만약 뚜렷한 목표가 없다면 바람 따라 흔들리다가 방향을 잃고
헤매게 될 것이다. 그러나 정확한 목표가 있다면 다르다. 목표가
곧 방향을 제시해 줌으로써 소중한 인생이 낭비되는 것을 막아
줄 것이다.

01

목표가 있어야
희망도 생긴다

목표는 우리에게 앞으로 나아가야 할 방향을 제시한다. 그러므로 목표가 있어야만 내 안의 모든 잠재력을 꾸준히 발휘할 수 있다. 결국 내 인생도 성공할 수 있다는 희망이 생기는 것이다.

잉어를 작은 어항에 키우면 다 커봤자 6센티미터지만, 큰 어항에 키우면 18센티미터에서 30센티미터까지 자란다. 또, 호수에 풀어 키우면 마음대로 헤엄쳐 다니며 무럭무럭 자라서 1미터까지도 크게 된다. 과연 그 이유가 뭘까? 바로 환경이 잉어의 성장에 큰 영향을 미치기 때문이다.

이는 인간의 경우도 마찬가지이다. 단, 우리 인간의 성장을 저해하는 요인은 외부 환경이 아니라 우리 마음속에 있다. 다시 말해, 큰 포부를 가진 사람이 더 크게 성장할 수 있는 것이다!

높이 나는 새가 멀리 본다. 사람은 무한한 잠재력과 상상을 초월하는 능력을 가지고 있기 때문에 본인이 끊임없이 내실을 기하기만 한다면 무한히 발전할 수 있다.

우리 주변에는 제대로 된 인생설계나 명확한 목표가 없는 사람들이 많다. 이들은 하루 종일 바쁜 것 같기는 하지만 실속이 없다. 여기저기, 기웃거리다가 결국 어느 하나 진득하게 꾸준히 하는 법이 없어 아무런 성과도 얻지 못하는 것이다. '우물을 파도 한 우물만 파라'는 속담도 있지 않은가? 세계적인 성공학 강사 브라이언 트레이시Brian Tracy는 "성공이 곧 목표다. 나머지는 부연설명일 뿐이다."라고 한마디로 정의했다. 인생에 목표가 생기면 자연히 성공의 희망도 보이는 법이다.

도쿄디자인센터의 CEO인 나카타 오사무中田修의 자산은 백억 엔이 훨씬 넘는다. 하지만 그런 그에게도 거리를 배회하고 방황하던 시절이 있었다. 이미 세 차례나 자살을 시도했던 나카타 오사무는 28세가 되던 해 사업이 크게 실패하자 절망에 빠진 나머지 또다시 자살 충동을 느꼈다. 그때였다. 우연히 길에서 디자인센터의 광고를 발견했다. '디자인'이라는 글자가 눈에 들어온 순간 그는 인생의 희망을 보게 되었다. "그래, 바로 디자인이야!" 나카타 오사무는 '디자인'을 발판 삼아 새 인생을 개척하겠다고 결심했다. 일 년 뒤, 그는 자금을 모아 '도쿄디자인센터'를 세우기에 이르렀다. 이후 도쿄디자인센터는 산업디자인을 기반으로 일본의 수많은 대기업 제품을 디자인하면서 독보적인 위치를 선점했다. 아울러 그도 이미 전과는 다른 사람이 되어 있었다. 자신의 인생목표를 달성하기 위해 인생여정을 현명하고 현실적으로 디자인했고, 열심히 노력한 결과 마침내 성공한 것이다.

사람은 누구나 무한한 에너지를 가지고 있다. 다만 깊은 바다 속에 잠겨있는 빙산처럼 아직 모습을 드러내지 않고 있는 것뿐이다. 성공의 비결은 결정적인 순간에 혼신의 에너지를 쏟아 붓는 것이다. 그러면 잠재력을 발휘할 때 틀림없이 무한한 에너지가 뿜어져 나오게 마련이다.

명확한 목표가 있어야 나아갈 방향도 생기고, 목표를 위해 고군분투할 힘도 생긴다. 성공에 목말라하는 사람들에게 목표는 곧 희망이요, 원동력인 것이다.

파나소닉의 창업자 마쓰시타 고노스케松下幸之助는 일찍이 젊은이들에게 이렇게 충고했다.

"목표가 없으면 진취적인 사람이 될 수 없습니다. 그러면 성공할 수도 없지요. 자신만의 목표를 세우고, 그 목표를 향해 달려가십시오. 그것이 바로 성공 비결입니다."

인생의 목표만 있으면 노력해야 할 방향이 잡히기 때문에 결과적으로는 실제 노력한 것보다 더 큰 성과를 거둘 수 있다. 카네기Andrew Carnegie는 "명확한 목표는 성공으로 가는 출발점이자, 나침반이다."라고 했다. 또, 나폴레온 힐은 이렇게 말했다."자립심, 진취력, 상상력, 열정, 자발성, 전력질주는 모두 뚜렷한 목표에서 나온다. 이는 성공하고 싶은 사람들이 갖춰야 할 필수조건으로, 자신이 무엇을 원하는지 모르는 사람은 영원히 성공할 수 없다."

많은 사람들이 남의 성공을 부러워하는 한편 자기 사업은 뜻대로 되지 않는 것을 불평한다. 그런데 정작 이들은 성공한 사람들이 성공할 수밖에 없었던 이유를 모른다. 그들이 명확한 목표, 치밀한 계획, 그리고 '목표를 하루 빨리 달성하겠다는 마음가짐'을 품었다는 사실을 말이다. 예일 대학의 한 연구 결과, 대학생 가운데 오로지 3%만 인생목표를 세우며 이들의 성취도가 나머지 97% 학생들보다 훨씬 높은 것으로 나타났다. 이밖에, 사우스캐롤라이나 대학은 평균 연령 70세의 은퇴한 경영인 4천 명을 대상으로 설문조사를 실시했다. 그중"다시 태어날 수 있다면 가장 하고 싶은 일이 무엇입니까?"라는 질문에 대부분의 응답 자가 "내 인생에 책임을 질 겁니다. 나를 위한 목표를 세운 다음 두 발로 직접 뛰어 꿈을 이루겠습니다."라고 대답했다. 이와 같은 사례를 통해 자신에게 꼭 맞는 명확한 목표를 세우는 사람이 얼마나 적은지 알 수 있다. 이것이 바로 성공하는 사람이 극히 소수에 지나지 않는 이유이다.

누구나 꿈과 희망을 품고 산다. 화려한 인생을 꿈꾸는 이도 있고, 격정의 인생을 꿈꾸는 이도 있다. 또 호수처럼 잔잔한 인생을 원하는 사람, 평범하지 않은 특별한 삶을 꿈꾸는 이도 있다. 이렇게 다양한 인생은 바로 자신의 두 손으로 만들어가는 것이다! 스스로 노력을 해야만 희망이 보이고, 그래야만 목표를 실현할 수 있다.

꼼꼼하게 인생을 설계해보자. 지금 하는 일이 평범하고 재미없는 일일지라도 마음만 달리 먹으면 더 열심히, 더 잘할 수 있을 것이다. 환경을 바꾸지는 못해도 스스로의 마음가짐은 바꿔볼 수 있지 않은가! 아무리 작고 보잘것없는 것이라도 진정으로 자신만을 위한 목표를 세우고 희망을 품으면, 그전까지 짜증나고 고되던 일도 새롭게 느껴지기 마련이다. 성공을 위한 준비과정으로 여겨지는 것이다. 기억하자! 마음속에 간직한 '명확한 목표'는 곧 희망이 되고, 결국엔 앞으로 나아가는 원동력이 된다는 것을.

목표를 세우기 전에는 자신의 현재 상황을 분명히 인식할 필요가 있다. '내가 할 수 있는 게 뭘까?', '내가 하고 싶은 일이 뭐지?', '난 어떤 사람이 되고 싶지?', '어떤 것들이 나를 만족시켜줄까?'와 같은 질문을 던져보자. 그러면 좀 더 분명해질 것이다.

누구나 마음속에 보물창고가 하나씩 있다. 목표의 달성이 바로 그 열쇠이다. 그렇다면 목표가 없는 사람은 어떻게 되겠는가? 이리저리 방황만 하다가 열쇠가 없어서 보물창고는 열어보지도 못한 채 시시한 인생을 살게 될 것이다. 그렇게 되면 주인 잃은 보물도 고스란히 사장돼버리고 말 것이다. 안타깝지 않은가? 그러므로 반드시 목표를 세우자!

많은 사람들이 천년만년 오래오래 살 수 있을 것이라 착각한 나머지, '목표로 가는 일'은 안 하고 '유흥'을 즐기는 데 돈, 시간, 힘을 함부로 낭비한다. 어떤 이들은 주중에 힘들게 일해서 번 돈을 주말이면 다 써버린다. 이들의 문제점은 바로 인생목표를 제대로 세워본 적이 없다는 것이다.

성공하고 싶다면 하루하루를 무의미하게 살 것이 아니라 도전할 목표를 만들어야 한다. 그래야 자신이 선택한 길을 벗어나지 않고 끝까지 달려갈 수 있으며, 자기 안에 숨겨진 거대한 힘의 진가도 발견할 수 있다.

인생의 가장 큰 비극은 죽는 것이라고 누군가가 말했다. 그러나 진짜 비극은 목표 없이 일생을 사는 것이다. 목표가 없으니 희망이 무엇인지도 모를뿐더러 목적을 달성했을 때의 쾌감도 맛볼 수 없기 때문이다.

공기와 물을 떠나서는 살 수 없는 것처럼 희망 없는 인생은 존재할 수 없다. 희망이 있어야만 살아가면서 겪는 모든 일에 대처할 수 있다. 버니 시겔Bernie Siegel이라는 의사는 어떤 암 환자가 완치될 수 있는지 미리 알 수 있다고 했다. 그가 "백 살까지 살고 싶으세요?"라고 물었을 때 삶에 강한 애착을 보이며 완쾌될 것이라 굳게 믿는 환자들은 "물론이죠."라고 대답했다. 실제로 살겠다는 강한 목표가 있는 환자들은 거의 대부분 완치되었다. 한마디로 목표가 곧 희망인 것이다.

판도라의 상자가 인간에게 준 유일한 행복은 바로 '희망'이었다. 희망을 가지고 공부하고 일하고 생활하는 것은 오로지 인간만이 누릴 수 있는 특권이다.

희망은 우리를 앞으로 나아가게 하는 보이지 않는 힘이다. 미래에 대한 희망을 간직한 채 끊임없이 노력하면 누구나 성공적인 인생을 살 수 있다.

✎ 실천을 위한 조언

목표가 있어야 희망이 생긴다. 지금까지 인생의 목표가 없었다면 작은 목표라도 명확한 목표를 세우고 열심히 노력하면, 당신이 바라는 일을 성공시켜 마침내 꿈을 이루게 될 것이다.

목표가 분명해야
계획도 정확하게 세울 수 있다

무슨 일이든 사전에 충분한 준비 과정이 필요하다. 그래야 성공으로
향하는 길이 더 또렷하게 보이기 때문이다.

무슨 일을 하든지 먼저 치밀한
계획과 명확한 목표가 있어야 한다. 그래야만 시간과 노력이 낭비되는
것을 막고 완벽하게 목표를 실현할 수 있다. 불가항력적인 일이 아니라
면 중간에 함부로 계획을 변경하지 마라. 계획을 짤 때는 타당한 근거도
있어야 한다. 왜냐하면 계획을 검토할 때 평가기준으로 삼을 수 있으며,
번거롭거나 무모한 계획이 되지 않도록 막아줄 수 있기 때문이다.

할리우드의 톱스타 아놀드 슈왈제네거Arnold Schwarzenegger의 어릴 적 꿈
은 미국 대통령이 되는 것이었다. 예전의 그에게는 분명 얼토당토않
은 꿈이었다. 그러나 '뜻이 있는 곳에 길이 있다'고 하지 않았는가. 아
놀드 슈왈제네거는 자신의 신념을 믿고 스스로의 장점과 단점을 분

석한 뒤 목표를 실현하기 위한 계획을 세웠다. 우선, 대선에 참가하려면 미국 금융 및 정계의 명문가와 인척 관계를 맺어 이들의 강력한 지지를 얻어야 한다. 그러려면 무엇보다 인지도를 높이기 위해 TV와 신문 등 대중매체에 이름을 알릴 필요가 있었다. 그래서 그는 영화배우가 되기로 했다. 톱스타가 되기 위해서는 뛰어난 연기력과 관객을 사로잡는 매력이 있어야 했다. 아놀드 슈왈제네거는 일단 뼈를 깎는 노력을 통해 보디빌딩으로 건장한 몸을 만들었다. 근육질의 그가 영화계에 진출하자마자 사람들은 주목하기 시작했고, 그의 이름은 어느새 전세계에 널리 알려지게 되었다. 그 후 아놀드 슈왈제네거는 자신의 인생에서 가장 중요한 발걸음을 내딛는데, 바로 케네디 전 대통령의 조카를 아내로 맞이한 것이다. 그 후, 영화계에서 은퇴한 아놀드 슈왈제네거는 본격적으로 정계에 입문해 캘리포니아의 주지사로 당선되었으며, 지금도 여전히 대통령이 되겠다는 꿈을 이루고자 부단히 노력 중이다. 아놀드 슈왈제네거의 이야기는 계획의 중요성을 시사한다. 꿈을 이루려면 반드시 계획을 세워야 한다. 계획 없이는 결코 아무 일도 안 된다. 가령 큰 빌딩을 지으려면 반드시 건물 설계도가 있어야 하는 것처럼 말이다!

성공하고 멋진 인생을 살려면 가장 먼저 명확한 목표부터 설정하라.

어떤 아버지가 세 아들을 데리고 숲으로 토끼 사냥을 갔다. 목적지에 도착한 뒤 아버지는 큰 아들에게 "뭐가 보이느냐?"라고 물었다. 아들은 "아버지, 동생, 총 그리고 숲이 보여요."라고 대답했다. 아버지는 고개를 저으며 "틀렸어."라고 말했다. 다시 작은 아들에게 같은 질문을 던졌다. 작은 아들은 "총과 산토끼 그리고 숲이 보입니다."라고 대답했다. 아버지는 또다시 고개를 저으며 틀렸다고 했다. 막내에게도 같은 질문을 했다. 그러자 막내는 "전 산토끼만 보여요."라고 대답했고, 아버지는 그제야 "맞았다."라고 답했다.

무슨 일이든 목표가 있어야 최선을 다하게 된다. 목표가 없으면 괜히 바쁘기만 할 뿐 별다른 성과를 낼 수 없다.

어떤 사람이 재미있는 실험을 했다. 몇 사람에게 도로를 따라 어떤 마을까지 걸어가게 했다. 사전에 마을 이름과, 얼마나 먼지는 알려주지 않고 무조건 표시를 따라 걷게만 했다. 2~3킬로미터쯤 걸었을 때 힘들다는 사람이 나왔고, 절반을 지날 무렵에는 화를 내는 이도 있었다. 그들은 왜 이리도 먼 곳까지 가야 하는지, 도대체 언제쯤 도착할 수 있는지 답답해하며 불평을 쏟아냈다. 심지어 어떤 이는 길가에 주저앉으며 더는 못 가겠다고 나자빠졌다. 시간이 흐를수록 포기하는 사람들이 하나 둘 늘어나더니 급기야 전체가 흐트러지고 말았다.

이 실험이 시사하는 바는 크게 두 가지이다. 첫째, 여러 사람이 협동해서 일을 완수하려면 모두에게 분명한 목표를 제시해야 한다는 것. 둘째, 목표에 따른 계획이 전제되어야 한다는 것. 요컨대 목적과 방법을 정하는 것은 성공의 핵심이다. 아무리 쉬워 보이는 일일지라도 일단 이 조건이 충족되지 않으면 성사되기 어렵다.

계획과 목표가 있어야만 동기부여가 되고 나아갈 방향도 잡힌다! 또한 성공하려면 충분한 자신감과 의지, 어려움을 극복할 용기와 지혜도 필요하다! 뿐만 아니라 변화가 잦은 환경도 고려해야 한다. 우리가, 우리를 둘러싸고 있는 환경을 마음대로 바꿀 수는 없기 때문이다.

종종 목표 실현이 어려울 때가 생길 것이다. 그럴 때는 목표를 세분

화해서 단계별로 실천하는 것도 나쁘지 않다. 계획이란 한 번 정했다고 해서 끝까지 밀고 나가야 하는 것이 아니라, 환경의 변화에 따라 적절히 조정할 수 있는 것이기 때문이다. 단, 주의할 점은 목표 자체를 아무 때나 쉽게 바꿔서는 안 된다.

입사 후 어느 정도 시간이 지났는데도 뚜렷하게 발전된 자아를 발견하지 못하면 사람들은 불안감을 느끼는 동시에 싫증이 나면서 일에 대한 흥미를 잃게 된다. 그럴수록 더 대충대충 하게 되어 결국엔 지지부진한 상황에 이른다. 그런데 사실 체계적으로 목표만 잘 세우면 이런 문제쯤은 충분히 피할 수 있으며, 남들보다 훨씬 적극적으로 일할 수도 있다.

많은 사람들이 이유도 모른 채 열심히 일할 줄만 알았지 정작 그 이유를 몰랐다가 뒤늦게 후회하곤 한다. 그러므로 우리는 먼저 진정한 목표가 무엇인지 분명히 하고, 목표에 도달하는 과정까지 완벽하게 설계한 다음 전력 질주해야 한다.

한 기자가 미국 재무고문협회 전 총재인 루이스 오크^{Louise Oak}를 인터뷰하면서 "도대체 무엇 때문에 사람들이 성공할 수 없다고 보십니까?"라고 물었다. 그러자 루이스 오크는 "모호한 목표 때문입니다."라고 대답했다. 기자는 좀더 자세하게 설명해달라고 부탁했다.

"제가 몇 분 전에 '당신의 목표는 무엇입니까?'라는 질문을 했었죠? 기자 분은 언젠가 산 속에 있는 작은 집을 갖고 싶다고 말씀하셨습니다. 이것이 바로 모호한 목표입니다. 문제는 바로 '언젠가'가 명확하지 않다는 데 있습니다. 목표가 모호하니 성공할 확률도 적을 수밖에요."

"정말 숲 속 작은 집을 가지고 싶다면 제일 먼저 당신의 상황을 객관적으로 파악해야 합니다. 그래서 얼마나 많은 노력이 필요한지 가늠해야 하는 것이죠. 꼭 사겠다고 마음을 먹는다면 머지않아 진짜 갖게 될 테지만, 일시적인 충동으로 말해본 것뿐이라면 실현될 리 없습니다. 꿈은 사람을 열정적이고 즐겁게 만듭니다. 그러나 실천이 결여된 모호한 꿈은 망상에 지나지 않기 때문입니다.”

명확한 목표를 세워야 하는 이유는 다음에 어떤 행동을 취해야 하는지, 완급을 조절하기 위해서다. 목표가 없으면 우리의 이상과 관련 없는 잡다한 일 때문에 시간을 허비하기 십상이다. 일의 경중을 따지지 않으면 하찮은 일의 노예가 될 뿐이란 이야기다. ‘지혜로운 사람’이란 소홀히 해도 되는 일이 무엇인지 아는 사람이다.

계획은 성공하는 데 더없이 중요한 역할을 하지만 목표는 계획보다 훨씬 더 중요하다. 명확한 목표를 세워야만 이를 위해 분명하고 훌륭한 계획을 세울 수 있기 때문이다.

✒ 실천을 위한 조언

성공이란 목표의 실현이다. 목표가 없으면 나아갈 방향도, 원동력도 없으며 체계적인 계획을 세우거나 행동을 취하는 것은 더더욱 불가능하다. 명확한 목표, 강한 열망, 세부적인 계획, 적극적인 행동, 열정적인 태도, 굳은 의지만 있으면 목표 달성은 얼마든지 가능하다.

03

목표는
행동의 기준

엥겔스Friedrich Engels는 이렇게 말했다. "사람을 행동하게 만드는 원동력은 머리에서 나온다. 머리에서부터 동기부여가 되어야만 행동하게 되는 것이다." 행동하려면 목표가 있어야 한다. 누구든지 어떤 일이나 행동을 하려면 목표를 최종 도착점으로 삼고 한 걸음씩 나아가야 한다. 그래야만 순조롭게 성공의 열매를 맛볼 수 있다.

명확한 인생목표와 시기별 목표를 세웠다 할지라도 실천하지 않으면 아무 소용이 없다.

홍콩으로 여행을 가려는 사람이 있었다. 그는 몇 달 동안 계획을 세우면서 홍콩의 예술, 역사, 철학, 문화와 관련된 다양한 자료를 찾아 읽었다. 홍콩의 지도를 보며 루트를 정하고 항공권도 예약했으며 상세한 일정표까지 만들었다. 그는 관광할 모든 장소를 체크하고 시간별 스케줄도 생각해 놓았다.

친구는 그가 이번 여행을 손꼽아 기다린다는 것을 알고 있었다. 그가 여행에서 돌아왔을 즈음 친구는 바로 그의 집을 방문했다.

"홍콩 어땠어?"라는 질문에, 그는 뜻밖에도 "그냥 안 갔어."라고 대답하는 것이 아닌가.

"뭐? 그렇게 오랫동안 준비해놓고 안 갔다고? 무슨 중요한 일이라도 생긴 거야?"

친구는 도저히 이해할 수가 없었다.

"여행 계획을 짜는 건 즐거웠는데, 막상 공항에 가기가 싫더라고. 그래서 홍콩 여행을 포기한 거야."

어떻게 하면 성공할지 온종일 고심하는 것이 실천을 대신할 수는 없다. 목표를 정했으면 반드시 최선을 다해 실천에 옮겨야 한다. 그렇지 않으면 한낱 백일몽에 불과할 뿐이다.

분명한 목표가 있는데도 행동하지 않는 사람은 어리석다. 하지만 목표도 없이 무조건 행동하는 사람 역시 성공할 수 없다.

목표를 향해 온 마음을 기울여 실천할 때 비로소 성공이 찾아오게 마련이다.

1킬로미터를 목표로 삼고 걸으면 800미터를 걸었을 때쯤 피로가 밀려오고 마음이 느긋해지는 것을 경험한다. 이때쯤 '어쨌든 곧 목적지에 도착하기만 하면 될 텐데 무슨 걱정이냐'는 생각이 고개를 들기 시작하면서 속도가 더뎌지는 자신을 발견할 수 있을 것이다. 그러나 애초에 목표가 10킬로미터를 걷는 것이었다면 이야기가 달라진다. 길이가 늘어난 만큼 능력을 최대한 발휘할 수 있도록 만반의 준비를 할 테니 말이다. 그러면 7, 8킬로미터를 걸었을 때쯤에야 비로소 긴장이 조금씩 풀리기 시작한다. 이처럼 목표는 행동의 기준이다. 큰 목표를 세우면 마음의 준비도 그만큼 철저히 하게 마련이다. 목표를 높게 잡을수록 더 열심히 노력하고 행동함으로써 원하는 바를 달성하게 된다는 뜻이다.

지금까지 많은 위인들과 성공한 사람들은 모두 구체적이고 명확한 목표를 성공의 원동력으로 꼽았다.

19세기 미국의 시인 휘트먼Walt Whitman은 평생을 노력한 끝에 시집 《풀잎》을 출간함으로써 미국에서 가장 위대한 시인으로 인정받았다.

헬렌 켈러Helen Adams Keller는 일생 동안 학업과 글쓰기에 전념했다. 시각, 청각 장애인이었지만 부단한 노력을 통해 세계적인 작가로 거듭났다.

헨리 포드Henry Ford의 인생 목표는 세계에서 가장 저렴하고 작은 자동차를 만드는 것이었다. 정규 교육이라곤 초등학교를 4년 다닌 게 전부였지만, 포드는 자수성가하여 당대 최고의 갑부가 되었다.

조지 파카George Safford Parker는 평생 동안 세상에서 가장 좋은 만년필을 만들기 위해 노력했다. 비록 미국의 작은 도시에서 사업을 시작했지만, 그의 만년필이 전 세계 곳곳으로 팔려나가면서 파카 만년필은 오늘날까지 세계에서 가장 유명한 만년필로 인정받고 있다.

빌 게이츠Bill Gates는 모든 이들이 컴퓨터를 사용하게 만들고 싶었다. 결국 그는 'Windows'로 전 세계를 장악했다.

이들이 모두 성공할 수 있었던 것은 목표를 세우고 전심전력으로 노력했기 때문이다.

미국의 나폴레온 힐은 《성공하는 사람들의 13가지 행동철학》에서 다음과 같은 이야기를 소개했다.

첫 번째는 찰스 필리피아Charles Philipia라는 노부인의 이야기이다. 63

세의 찰스 필리피아는 뉴욕 시에서 플로리다 주의 마이애미까지 장거리 도보여행을 하기로 결심한다. 이 노부인이 마이애미에 도착했을 때, 한 기자가 그녀에게 도보여행을 하겠다는 용기가 어디에서 나왔느냐고 물었다. 그러자 노부인이 대답했다. "걸음 한 번 내딛는 데는 용기가 필요 없지요. 전 그냥 한 걸음 한 걸음씩 쉬지 않고 걸은 것뿐이에요. 그렇게 여기까지 왔죠." 뉴욕에서부터 마이애미까지 걷는 것은 노부인의 목표였고, 한 걸음씩 걷는 것은 구체적인 계획이었으며 한 걸음, 두 걸음, 세 걸음씩 걸었던 것은 바로 그녀가 보여준 실천이었다. 만약 목표를 향해 '걸어가지 않았다면' 영원히 마이애미까지 갈 수 없었을 것이다.

두 번째는 네스메스 소령의 이야기이다. 소령은 주말이면 골프를 치곤 했다. 대개 90여 타를 쳤는데, 그 후 7년 동안은 완전히 손을 놓아야 했다. 그런데 긴 공백을 깨고 다시 골프장에 돌아왔을 때 놀랍게도 그는 74타를 기록했다. 사실 네스메스 소령은 그동안 골프채를 만져보지도 못했을 뿐 아니라 체력도 급격히 떨어졌었다. 7년 동안 높이 1.5미터 가량의 조그만 베트남 포로수용소에 감금생활을 했기 때문이다. 네스메스 소령은 기나긴 시간을 홀로 고립된 채 보내야만 했다. 이야기할 상대가 없는 것은 물론이고, 정상적인 신체 활동은 더더욱 불가능했다. 처음 몇 달 동안은 아무것도 하지 않았다. 그러다가 미치지 않고 살아있으려면 긍정적인 사고방식을 갖는 동시에 어떤 활동이든 해야 한다고 생각했다. 그래서 시작한 것이 바로 자신이 좋아하는 '골프놀이' 였다.

소령은 매일 18홀을 소화하는 상상을 했다.

그는 자신이 골프복을 입고 첫 번째 티^{Tee}로 걸어가는 모습을 떠올렸다. 예전에 경기했을 당시의 날씨 및 모든 상황을 기억해냈다. 티박스의 정확한 크기, 잔디, 나무, 심지어는 새까지 완벽하게 마음속에 그려냈으며 골프채를 쥐는 정확한 방법까지 떠올렸다. 스윙을 할 때는 왼팔을 곧게 쭉 뻗고, 눈으로는 멀리 날아가는 골프공을 응시했다. 조심스럽게 천천히 그리고 가볍게 백스윙을 하되 눈은 공에서 떼지 말라고 스스로에게 충고했다. 다운스윙을 할 때는 팔을 매끄럽게 아래로 휘둘렀다가 힘차게 공을 때리도록 스스로를 가르쳤다. 그다음 공이 하늘을 가르며 날아가다가 코스의 잔디 중앙을 향해 떨어져, 그가 목표한 지점까지 정확하게 굴러가는 모습을 상상했다.

그는 실제로 골프장에서 경기할 때 걸리는 시간만큼 상상 속에서 골프를 쳤다. 그리고 세부적인 것 하나 놓치지 않았다. 다시 말해, 네스메스 소령은 '그저 그런 수많은 사람 중 하나'가 아니라 '중요하고 특별한 인물'이 되기로 마음먹었던 것이다.

이렇게 네스메스 소령은 7년을 매일같이 상상 속에서 완벽하게 골프 연습을 했다. 하루도 빠짐없이 네 시간씩 골프를 치고 공이 홀로 들어가는 상상을 했다. 그 결과 골프감각을 잃지 않고 유지한 것이다.

네스메스 소령의 이야기는 목표 달성을 원하면, 먼저 마음속에 '목표에 도달한 모습을 그릴 수 있어야 한다'는 사실을 알려준다.

성공하려면 자신의 현재 상황을 전반적으로 검토하고, 미래를 꼼꼼하게 예측해서 합리적인 목표를 세워야 한다.

일단 목표를 정했으면 절대로 쉽게 포기하거나 바꿔서는 안 된다. 핵심적인 목표라면 더욱 그렇다. 우선 장기적인 목표를 세우고 몇 개의 단기적인 목표를 만들어보자. 장기적인 목표나 단기적인 목표나 명확하게 기한을 정할 필요가 있다. 시간 진도표는 꼼꼼하게 만들어야 한다. 장기적인 목표가 핵심이므로 안정적으로 달성하도록 한다. 반면에 단기적인 목표는 여러 개로 만들되 유연성을 발휘할 수 있으므로 필요할 때마다 조정이나 수정을 반복할 수 있도록 한다.

일이 잘 풀리지 않을 때는 방향이 올바른지 다시 한 번 점검해보자. 만약 단순히 힘들어 보이는 것뿐이라면 '아무 생각 말고' 밀고 나가보자. 그러면 반드시 목표에 도달할 수 있다.

행동으로 옮기지 않으면 영원히 목표를 실현할 수 없다는 것을 기억하자. 행동이란 실로 대단하다. 세상에서 가장 긴 기차도 8륜구동 엔진에 작은 땔감 하나만 넣어주면 가만히 멈춰있다가도 힘차게 질주할 수 있다. 또, 시속 100킬로미터로 달릴 때는 두께 1.5미터짜리 콘크리트 벽도 거뜬하게 뚫고 지나갈 수 있다. 이처럼 행동의 힘은 실로 대단하다.

많은 사람들이 실패했을 때 스스로에게 실망하게 될까봐 지레 겁을 먹고 목표 자체를 세우지 않는다. 안타깝게도 이들은 목표 설정이 바로 성공의 초석임을 모르는 것이다.

명확한 목표를 세우면 주의력을 집중시켜서 원하는 방향으로 나아갈 수 있다. 단번에 이루어지는 성공이란 없다. 중간에 조정하고 조율하는 과정을 거치면서 조금씩 완성하는 것이다.

성공한 사람들은 일을 완성하는 데 그치지 않고 더욱 잘하려고 애쓴다. 만약 당신도 이런 사고방식을 가지고 오랫동안 끊임없이 개선해나갈 수 있다면 성장해 나가는 자신을 발견할 수 있으며, 나중에는 성공한 자신까지도 만날 수 있다.

다시 말해 자신의 목표를 향해 행동하는 사람만이 인생의 가치를 극
대화할 수 있다는 뜻이다.

제2장

목표는 나의 힘

목표가 없는 인생은
무의미하다.

무의미한 인생은 하찮은 인생이며 희망이 없다. 목표는 종종 우리 인생에 열정을 가져다준다. 뚜렷한 목표만큼 기운을 북돋아주는 것도 없으며, '목표는 곧 나의 힘'이다. 자신의 인생목표를 정확히 안다면 보다 정열적인 인생을 살 수 있을 것이다.

01

목표는
사람을 적극적으로 만든다

나폴레온 힐은 이렇게 말했다. "올바른 마음가짐을 갖는 것이 성공전략의 첫걸음이다. 이렇게 마련된 기초 위에 성공이라는 건물을 지을 수 있기 때문이다. 이때 성공을 쌓아가는 벽돌이 바로 목표이다."

목표는 사람들이 추구하는 궁극적인 결과이면서 우리 인생에서 매우 중요한 역할을 한다. 즉, 성공으로 가는 길을 안내하기도 하고, 사람들이 열정을 가지고 모든 일에 임할 수 있도록 만들기도 한다.

다시 말해 우리가 자신을 위한 목표를 세우는 순간부터 목표는 두 가지 역할을 수행하기 시작한다. 그 자체로 우리가 노력해야 하는 이유인 동시에 우리가 나태해질 때 채찍질도 해준다. 대부분의 사람들에게는 목표를 설정하고 실천하는 과정이 마치 시합처럼 느껴질 것이다. 시간이 흐르고 목표를 실현하기 위해 더 많은 노력을 하면서, 성취감이 무엇인지 비로소 깨달을 테니 말이다.

많은 사람들은 자신을 위한 목표를 세우는 데 주저한다. 실패를 두려워하기 때문이다. 이들은 '목표를 설정하는 것 자체가 벌써 성공의 첫걸음'이라는 사실을 모른다. 목표를 정하면 자신의 의지를 다질 수 있어서 원하는 것을 향해 나아갈 수 있다.

무슨 일을 하든지 목표 설정은 개인의 발전에도 매우 중요한 작용을 한다. 처음에는 눈에 잘 보이지 않겠지만 시간이 흐르면서 분명히 깨닫게 될 것이다. 가령 배가 막 항해를 시작했을 때는 키 방향이 어느 한쪽으로 조금 기울었더라도 표시가 잘 나지 않는다. 그러나 몇 시간 혹은 며칠만 지나면 배가 전혀 다른 곳으로 향하고 있음을 알게 된다. 이것이 바로 목표설정을 정확하게 해야 하는 이유이다.

영국의 화학자이며 · 물리학자인 존 돌턴John Dalton은 그리 좋은 집안에서 태어나지 못했다. 비록 가난한 유년기를 보냈지만 그렇다고 해서 자포자기하거나 목표를 포기하는 어리석은 짓은 하지 않았다.

열다섯 살이 되던 해 돌턴은 독립을 선언하고 고향을 떠났다. 그리고 12년 동안 어느 대학 총장 밑에서 일하면서 '한밤중에 자고 동이 틀 무렵 일어나자'며 이를 악물고 열심히 독학했다. 돌턴은 자신의 목표를 위해 모든 일에 최선을 다했다. 그 결과 많은 과학지식을 쌓게 되어, 스물여덟 살 때 기체의 부분압력의 법칙을 발견했을 뿐만 아니라 배수비례의 법칙과 '돌턴의 원자론'을 발표하여 원자량을 제시할 수 있었다. 엥겔스Friedrich Engels는 이처럼 위대한 업적을 남긴 돌턴의 업적을 높이 평가하여 그를 '근대 화학의 아버지'라 불렀다. 돌턴은 비록 가난했지만 마음속에 정확한 목표를 세우고 이를 향해 한 걸음 한 걸음씩 앞으로 나아갔다. 그랬기 때문에 오늘날 모든 사람이 우러러보는 성공을 거둘 수 있었던 것이다.

자기평가가 확실한 사람이야말로 가장 성공한 사람이라고 말할 수 있다. 이들은 능력 밖의 일을 처리할 때 한 번에 무리하게 해치우려 하지 않는다. 먼저 최종 목표를 실현 가능한 여러 개의 작은 계획으로 쪼갠 다음 성공을 향해 조금씩 다가간다. 그러나 작은 계획을 세우기만 하는 것으로는 부족하다. 작은 계획을 완성할 때마다 자신을 칭찬해주어야 하며, 그래야 더욱 힘차게 성공을 향해 나갈 수 있다.

사람들은 대개 스스로 노력하지 않으면서도 운명이 자신을 성공하게 만들어주길 원한다. '언젠가' 퇴직하게 되면 '어딘가' 작고 아름다운 섬에서 아무런 걱정 없이 행복한 삶을 살게 되길 바란다. 그런데 정작 이 목표를 어떻게 이룰 것이냐고 물으면, 사람들은 그저 '무슨 수가 생기겠지'라고 대답할 뿐이다.

많은 이들이 이상을 실현하지 못하는 이유는 살면서 단 한 번도 제대로 목표를 세워본 적이 없기 때문이다.

나폴레온 힐은 "목표가 생기면 전진할 마음이 생긴다. 전진하고자 하는 적극적인 마음이 자랄 때 우리는 비로소 성공할 수 있다."라고 했다.

이스라엘의 다윗 왕이 바로 가장 좋은 예이다.

다음 이야기는 다윗이 왕이 되기 전의 일이다. 한 번은 군인으로서 전쟁에 참전하는 형에게 음식을 전해주러 간 적이 있었다. 전쟁터에 다다랐을 때 적군의 우두머리인 거인 골리앗이 이스라엘 병사들을 조롱하며 겁주는 모습이 눈에 들어왔다. 다윗은 거인을 두려워하기는커녕 오히려 반드시 싸워 이기겠다는 의지로 자신의 모든 능력을 동원해

골리앗에게 도전했다. 결국 그는 골리앗을 무찌를 수 있었다.

하버드대학에서는 목표가 인생에 어떤 영향을 미치는가에 대해 밀착 연구를 실시한 바 있다. IQ, 학력, 환경 등 유사한 조건을 가진 젊은 이들을 대상으로 연구한 결과 다음과 같은 결과가 나왔다.

전체 응답자 중 27%는 목표가 없었고, 60%는 불분명한 목표를 가지고 있었다. 그리고 10%는 명확하기는 하지만 단기적인 목표만 세운 상태였다. 단 3%만 명확하면서도 장기적인 목표를 갖고 있었다.

무려 25년 동안 이들을 상대로 밀착조사를 실시한 결과, 상당히 흥미로운 점을 포착할 수 있었다.

분명하고도 장기적인 목표가 있었던 3%의 사람들은 25년 동안 단 한 번도 다른 목표에 한눈을 팔지 않고 오로지 자신의 목표 하나만을 향해 꾸준히 달렸다. 그 결과 이들은 내로라하는 기업의 CEO, 사회 저명인사나 정치지도자 등 손가락으로 꼽을만한 각계각층의 성공 인사가 되었다.

한편, 분명하기는 하나 단기적인 목표를 가지고 있었던 10%의 사람들은 대부분 사회의 상류층이 되었다는 사실도 확인할 수 있었다. 이들은 끊임없이 단기목표를 달성하여 삶의 수준을 한 단계씩 업그레이드시켰고, 나아가 의사, 변호사, 프로그래머, 기업 임원 등 분야별 전문 인력으로 성장하였다.

불분명한 목표를 가지고 있었던 60%의 사람들은 사회의 중하류 계층에 주로 밀집되어 있었다. 이들에게는 안정적인 삶과 직장이 있었지만, 내세울 만한 성과는 전혀 없었다.

이 밖에 지난 25년간 아무런 목표 없이 살아온 나머지 27%는 거의 대부분 사회에서 최하층의 삶을 살고 있었다. 이들은 종종 일자리를 잃고 정부보조금에 의지하는 등 형편없는 삶을 살고 있었다. 뿐만 아니라 늘 타인과 사회와 세상을 원망하면서 불만으로 얼룩진 하루하루를 근근이 이어나간 것이다.

어쩌면 지금은 당신과 다른 사람들 간의 차이가 대수롭지 않을 만큼 작을지도 모른다. 하지만 그것은 당신이 그 사람들보다 똑똑하거나 하느님이 보살펴주기 때문이 아니라, 모두가 이제 막 출발선을 떠나왔기 때문이다. 당신은 앞서 말한 그룹 중 어디에 속하는가? 10% 그룹인가, 60% 그룹인가? 아니면 그 외에 속해 있는가? 당신 자신에게 자문해보길 바란다.

위에서 살펴보았듯이, 성공하고 싶다면 반드시 분명하고 확실한 목표를 가지고 있어야 한다. 그래야 그 목표에 탄력이 붙어 앞으로 나아갈 힘을 얻을 수 있다. 당신이 매일 바쁘게 움직이더라도 목표가 없다면 소모적인 일이 되고 말 것이다. 그러나 사회에서 성공한 사람들처럼 명확한 목표가 있다면 가뿐하게 성공을 향해 나아갈 수 있을 것이다.

일반적으로 목표가 없는 행동은 성공에 아무런 도움도 안 된다. 반대로 뚜렷한 목표를 가지고 행동하면 성공의 기회를 잡을 수 있다. 사람들은 저마다 다른 가치관과 삶의 태도를 가진다. 그렇기 때문에 추구하는 목표도 저마다 다를 수밖에 없다. 예를 들어 정치가가 되고 싶을 수도 있고, 변호사가 되고 싶을 수도 있다. 어쩌면 목표가 기업가일 수도 있겠고 그것도 아니라면 유명한 연예인 또는 가수일 수도 있을 것이다.

자신의 모든 것을 걸어볼 만한 인생목표는 마술처럼 사람을 적극적으로 만든다. 당신은 꿈과 이상을 가진 사람인가? 그렇다면 당신의 이상이란 무엇인가? 사실 이상이란 물질적 수요뿐 아니라 숭고한 정신적 수요에 대한 갈망에서 나오는 것이다. 러시아의 혁명 민주주의자였던 체르니셰프스키Chernyshevsky, 19세기 후반을 대표하는 러시아의 사상가 · 문학자로, 러시아의 혁명 민주주의 사상을 발전시키는 데 이바지했다. 가 "헌신과 열정의 격려를 받지 못한 사람은 영원히 위대한 일을 할 수 없을 것이다. 만약 이상의 격려가 없다면 사람들의 행동은 보잘것없고 무의미한 일이 될 것이다." 라고 말했던 것처럼 말이다.

✒ 실천을 위한 조언

당신이 지금까지 얼마나 많은 장애에 부딪혔든, 지금 얼마나 큰 어려움을 겪고 있든, 반드시 명심해야 할 것이 있다. 목표를 달성하기 전까지 절대로 뒤돌아보면 안 된다는 것과 장차 당신의 눈앞에는 더 밝고 아름다운 내일이 펼쳐지리라는 사실이다.

02

목표는
인생을 살아가는 힘의 원천

어떤 철학자는 "일편단심으로 한 가지 목표만을 생각하고 온 마음으로 그 목표를 향해 나아가면, 전 세계도 그에게 길을 내어줄 것이다."라고 말했다. 목표는 인생을 살아가는 힘의 원천이다. 확실히 목표가 있어야 전진할 수 있는 힘도 생긴다.

♺ 아프리카 사하라 사막 한가운데에 비셀Bissell이라는 작은 마을이 있었다. 오아시스에서 15킬로미터 떨어진 비셀에서 밤낮없이 꼬박 사흘을 걸으면 사막을 빠져나갈 수 있었지만, 1926년 켄 레먼Ken Lehman이라는 청년이 이곳을 발견하기 전까지 마을 원주민 중 한 명도 사막을 벗어나본 이가 없었다. 그토록 오랜 시간동안 비셀에 살아오면서 왜 단 한 번도 사막을 나가본 적이 없었을까? 그 이유는 바로 비셀 사람들이 북두칠성을 볼 줄 몰랐기 때문이었다. 망망대해처럼 끝없이 펼쳐진 사막에서 아무것도 없이 감각에만 의존해 사막을 빠져나간다는 것은 실로 불가능한 일이었다. 어디가 어딘지도 모르는 상태에서

하염없이 걷고 또 걷다보면 결국 제자리로 되돌아오곤 했다. 그러나 켄 레먼이 마을을 발견하고 원주민들에게 북두칠성을 읽는 법을 알려준 뒤 변화가 나타나기 시작했다. 오랜 시간 동안 사막 안에 갇혀 지냈던 원주민들이 마침내 사막을 벗어날 수 있게 된 것이다. 지금의 비셀은 관광지가 된 지 오래다. "새로운 생활은 방향을 정하는 데서부터 시작된다."는 글귀가 큼지막하게 적힌 기념비를 마을 곳곳에서 발견할 수 있다.

사막에서 방향을 잡지 못한 사람은 하염없이 걷기만 할 뿐인 것처럼, 삶의 목표가 없는 사람은 무미건조하고 단조로운 하루하루를 반복할 수밖에 없다. 사막을 헤매는 사람에게 새로운 생활이란 방향을 정하는 데서 시작된다면, 현실 속 우리의 새로운 생활은 확실한 목표를 정하는 데서 시작될 것이다. 무엇인가 해내고 싶은 일이 있는가? 그렇다면 바로 지금 목표부터 세워보자!

미국의 작가 헬렌 켈러는 태어난 지 19개월이 되었을 때 중병을 앓아 청력과 시력을 잃고 벙어리가 되어버렸다. 헬렌 켈러에게는 정상인과 같은 감각 기관을 갖는다는 것은 불가능한 꿈이었다. 하지만 그녀는 희망을 버리지 않았다. 보고 듣고 말하지 못한다고 해서 삶과 사회에 열정을 갖지 못할 이유는 없었다. 헬렌 켈러는 자신의 모든 능력을 동원해 전 세계 청각, 시각 장애인을 돕겠다는 인생 목표를 세우고 모든 노력을 기울였다. 헬렌 켈러의 이야기를 통해 무엇을 알 수 있는가? 도전목표만 있으면 자신의 일을 끝까지 해낼 수 있는 용기가 생기고, 남다른 실천을 통해 상상을 초월하는 성과를 얻을 수 있다는 진리를 배우지 않았는가?

이처럼 목표란 도전할 수 있는 힘과 용기를 북돋아주고 우리가 인생의 사명을 바로 볼 수 있게 만들어준다.

살다 보면 매사에 불만이 많은 사람을 만날 때가 있다. 이들 중 98%
는 미래에 대한 동경심과 비전이 없기 때문에 삶을 바꿔보려는 그 어떤
목표도 의욕도 없는 사람들이다. 다시 말해 이들은 변화할 생각조차
하지 않고 그저 하루하루를 연장하고 있을 뿐이다.

어떤 의사가 100세 이상의 노인들을 대상으로 어떤 공통점이 있는지
연구를 실시했다. 대부분의 사람들은 이 의사가 식습관, 운동, 금주, 금
연 등 건강과 밀접한 관련이 있는 것들에 대한 연구 결과를 발표할 것이
라고 예측했다. 하지만 뜻밖에도 그들의 식습관이나 운동 방법 등에서는
어떠한 공통점도 발견되지 않았다. 그들의 공통점이란 오직 하나, 미래
에 대한 태도였다. 즉, 이들에게는 저마다 인생의 목표가 있었던 것이다.

인생에 목표가 생기면 늘 마음속으로 목표를 위해 해야 할 일들을 떠올
리게 된다. 인생목표가 당신을 백 살까지 살게 해줄 것이라고 확실히 보장
할 수는 없지만, 당신의 성공 확률만큼은 높여줄 것이라고 장담할 수 있다.

목표란 도달하고 싶은 경지나 상태를 가리킨다. 따라서 목표가 있다
는 것은 노력의 방향이 잡힌다는 것을 의미한다. 명확한 목표를 가진
사람은 매일매일 목표와 관련이 있는 일만을 생각하고 행하는 데 모든
노력을 집중한다. 목표를 실현하기 위해서 자발적으로 발전을 도모하
는 자세를 취하게 되다 보니 언제나 학업이나 업무에 적극적으로 임하
게 되는 것이다. 이들에게는 목표를 실현하기 전에 포기란 있을 수 없
다. 그저 성공을 향해 한 걸음씩 쉬지 않고 나아갈 뿐이다.

사람들은 목표가 뚜렷하고 구체적인 일일수록 성공할 확률이 높다
고 말한다.

기원전 300년경, 아테네에 어떤 사람이 살고 있었다. 그는 젊은 시절

연설가가 되고 싶었다. 그래서 전국을 돌아다니며 좋은 스승 밑에서 연설에 관한 기술을 배웠다. 익힌 것들을 제대로 연마하기 위해 그는 자신만을 위한 연습실까지 마련했다. 조그마한 지하실에서 그는 매일같이 목청을 가다듬었다. 머리카락도 과감하게 싹둑 자르는 단호한 의지를 보이면서 외출까지 삼가고 열심히 연습에 몰두했다. 발음을 교정하고 말을 더듬지 않으려고 입안에 돌멩이를 물고 긴 시를 낭독했고, 긴장감을 늦추지 않도록 날카로운 검 아래 앉아서 훈련하기도 했다. 표정을 관리하기 위해서는 거울을 보며 연설을 했다. 이렇게 피나는 훈련과 끊임없는 연습을 통해 그는 마침내 '가장 위대한 연설가'로 다시 태어날 수 있었다.

목표는 자아를 초월하고자 하는 내 안에 잠든 욕구를 깨울 수 있다. 단, 유념해두어야 할 것이 있다. 목표란 앞으로 나아가는 힘의 원천이므로 반드시 구체적이어야 한다는 점이다. 만약 자신이 목표에 얼마나 다가갔는지 중간에 확인해볼 길이 없다면 차츰 맥이 빠져서 결국에는 포기하기 십상이기 때문이다.

다시 한 번 말하지만 성공하고 싶다면 또렷하고 구체적인 목표를 세워보자! 목표는 힘의 원천이란 사실을 반드시 기억하자.

실천을 위한 조언

목표는 우리를 활력적으로 만들고 일에 동기를 부여해 성공하도록 만든다!
성공은 인간의 가장 높은 단계의 욕구이다.
주요 목표를 생각하고 간결하게 계획서를 글로 작성한다.
최대한 언제까지 목적을 달성할 것인지 기간을 적어놓는다.
계획은 바뀔 수 있기 때문에 여유있게 상황별로 목적을 위해 융통성 있게 대처하여야 한다.

03

목표가 있으면
돌아가지 않는다

성공이란 설정한 목표가 달성된 상태를 가리킨다. 그리고 목표를 설정
한다는 것은 어떤 일을 하기 위해 방향을 잡고 전략을 세우는 과정을
의미한다. 그러므로 목표가 없는 사람은 방향도 없고, 동기부여 또한
이루어지지 않아 시간을 효율적으로 관리하거나 행동할 수 없다. 목표
는 먼 곳에서 우리를 비춰주는 등대와 같다. 우리가 항로를 이탈하지
않고 계속 전진할 수 있도록 인도해주고 멀리 돌아가는 것을 막아주기
때문이다.

℞ 아무리 햇볕이 쨍쨍 내리쬐는
날이라도 돋보기를 계속 움직여대면 절대로 종이에 불을 붙일 수 없다.
하지만 만약 돋보기를 가만히 쥐고 햇빛을 모으면 금세 종이에 불이 붙
는다.

무작정 배낭 하나 메고 여행을 떠난 젊은이가 있었다. 그는 길을 가
던 도중에 사거리가 나오자 걸음을 멈추고는 때마침 길을 지나던 사람
에게 물었다.

"이 길은 어디로 통하나요?"

그러자 행인이 되물었다.

"어디로 가려는 건데요?"

젊은이는 "저도 몰라요."라고 대답했다.

"그럼, 아무 데로나 가요. 어차피 마찬가지일 텐데, 뭘."

행인은 이렇게 대꾸하더니 가던 길을 재촉했다. 그렇다! 어디로 가야 할지 모르는 사람은 어떤 길을 선택하든 아무런 의미가 없는 것이다.

직장을 선택할 때 종종 아래와 같은 상황에 처할 수 있다. 가령 A, B 두 회사가 동시에 당신을 채용하려 한다고 가정해보자. A기업은 〈포춘〉지가 선정한 500대 기업 중 하나이다. 그 대신 직급이 낮고 업무도 단조롭다. 반면 B기업은 중소기업이긴 하지만 당신을 꽤 높은 직급에 채용하겠다고 한다. 입사하면 업무 능력을 쌓는데도 도움이 될 것 같다. 당신은 어떤 회사를 선택하겠는가? 사람들은 이럴 때 급여, 자아실현, 회사의 장래 등을 전부 따져보고 결정한다. 틀린 것은 아니지만 이보다 먼저 고려해야 할 것이 있다. 바로 당신이 꿈꾸는 '인생 포지션'이다. 만일 당신의 목표가 전문 경영인이라면 500대 기업을 선택해야 한다. 왜일까? 500대 기업은 대학에 비유하자면 명문대와 같다. 따라서 CEO를 꿈꾸는 당신에게는 그저 그런 중소기업에서 근무했다는 경력보다 대기업에서 일한 경력이 절대적으로 도움이 될 것이기 때문이다.

어느 성공한 사업가가 자신의 여동생 이야기를 공개한 적이 있다. 동생이 호주에서 유학할 때 경제적 여건도 좋지 않았을 뿐더러 경력도 쌓을 겸 해서 아르바이트와 학업을 병행했다고 한다. 당시 대부분의 학생들이 음식점에서 서빙 아르바이트를 하고 있었고, 때마침 동생도 음식점 아르바이트를 하고 싶어 했다. 그때 사업가는 여동생에게 아르바이트를 꼭 해야겠다면 급여가 적어서 용돈을 아껴 쓰는 한이 있더라도 유명한 다국적 기업에서 기회를 찾아보는 것이 좋겠다고 충고했다. 서빙 아르바이트가 하찮은 일이라서가 아니라, 훗날 동생이 취업하는 데 아무런 도움도 안 될 것 같았기 때문이다. 그래서 동생은 마음을 고쳐먹고, 프랑스 기업에서 업무가 한창 바쁠 때 서신을 열어보고 각 부서로 전달하는 사무보조직을 구해 일하기 시작했다. 급여는 턱없이 적었지만 유명기업으로서 업계 내에서 상당한 영향력을 행사한다는 메리트가 있었던 것이다. 사업가는 동생에게 서신을 확인하는 하찮은 일이라도 꼼꼼하게 최선을 다해야 한다고 신신당부했다. 또한 틈틈이 대기업의 업무 요령과 방식을 잘 익히고 각 부서 업무를 관찰해두었다가 어느 부서가 가장 마음에 드는지도 알아보라고 조언했다. 다른 아르바이트생과 달리 열심히 일하는 동생을 눈여겨본 사장은 어느 정도 시간이 흐르자, 동생의 보수를 인상해주었다. 당시 동생은 또 다른 유명 기업에서도 아르바이트를 하고 있었는데 그곳에서도 역시 좋은 평가를 받고 있었다. 드디어 졸업 시즌이 다가왔다. 다른 동기들은 취업 원서를 쓰고 면접을 보러 다니느라 정신이 없었지만 동생은 전혀 걱정할 필요가 없었다. 아르바이트를 하던 두 기업 모두 동생을 채용하겠다는 의사를 밝혀왔기 때문이다. 게다가 양쪽 다 훌륭한 대우를 제시했기 때문에 동생은 행복한 고민에 빠질 수밖에 없었다. 왜 두 회사 모두 러브콜을 보냈던 것일까? 훗날 회사 관계자는, 동생이 늘 적극적으로 열심히 일하고 근무 성적도 좋았던 데다 오랜 시간 동안 함께 일하다 보니 정도 들었던 터라 정식으로 채용하려 했다고 밝혔다. 결국 동생은 처음 일했던 프랑스 기업을 선택했고, 몇 년 뒤에는 지사장으로 승진 발령을 받아 귀국할 수 있었다.

이 이야기의 주인공은 운이 상당히 좋은 편이었다. 능력도 대단할뿐더러 이름 있는 기업에서 일할 수 있는 기회도 잡았기 때문이다. 사업가의 여동생은 처음부터 좋은 업무 환경과 분위기에 적응했기 때문에 불필요한 시간 낭비도 하지 않으면서 뛰어난 경쟁력까지 갖췄던 것이다.

일을 할 때는 먼저 전반적인 상황을 고려하고 꼼꼼하게 전망을 예측해본 다음, 이를 기준으로 자신이 나아갈 방향과 과정을 설정해야 한다. 이에 따라 당신의 인생이 달라질 것이다. 명확한 목표가 생기면 그 목표를 실현하는 데 도움이 될 만한 요소들이 눈에 쏙쏙 들어오게 마련이다. 그럴 때마다 놓치지 말고 잘 활용해서 똑 부러지고 야무지게 일해보자! 그래야만 좀 더 쉽게 목표에 다가갈 수 있다.

"장군이 되고 싶지 않은 병사는 좋은 병사가 아니다."라는 말이 있다. 이에 대해 여러 가지 주장이 엇갈린다. 어떤 이들은 "모든 병사가 장군이 될 수 있는 것은 아니다. 하지만 기왕에 병사가 되기로 했으면 어떻게 하면 병사의 본분에 충실할 수 있는가를 먼저 생각해야 한다. 장군이 될 수 있느냐 하는 문제는 차후 각자의 능력과 기회 등을 보며 생각해봐야 할 문제이다."라고 말한다. 물론 모든 병사들이 장군이 될 수 있는 것은 아니다. 그러나 장군이 되겠다는 생각을 해보지 않은 병사는 기막힌 운이 따르지 않는 이상 장군이 될 확률이 거의 제로에 가깝다.

지금 하는 일에 충실하고 나서 뒤늦게 상황을 봐가면서 하나하나씩 차후 계획을 세우는 사람은 길을 너무 많이 돌아 결국 시간만 낭비하는 셈이다. 현재에 충실하자는 태도가 잘못된 것은 아니지만, 기준으로 삼을만한 장기적인 목표가 없기 때문에 그만큼 쉽게 인생의 방향을 상실할 수밖에 없다.

가령 어떤 사람이 혼자 사막을 걷고 있다고 해보자. 눈에 보이는 것이라곤 가도 가도 끝없는 지평선뿐 어느 방향으로 가야 하는지 알 수 없다면 속도는 점점 더 더뎌질 수밖에 없다. 거기다 식량이 충분하고 쉴 곳까지 있다면 더더욱 그럴 것이다. 그러나 만약 그가 지도를 가지고 있다면 이야기는 전혀 달라진다! 이 지도 한 장이 바로 인생의 목표이다! 인생에서 가장 중요한 것이 무엇이며, 그것이 어디에 있는지, 바로 이 지도가 당신에게 분명히 알려줄 것이다.

많은 사람들이 평생을 바쁘게 살지만 정작 자신이 무엇을 위해 사는지, 자신이 진정으로 원하는 것이 무엇인지는 잘 모른다. 이리 갔다 저리 갔다, 이 일 하다 관두고 또 다른 일을 시작한다. 늘 자신의 능력을 마음껏 발휘해보지도 못하고, 명확한 인생의 방향도 없이 헤매기만 한다.

자신이 원하는 것이 무엇인지, 정확한 목표가 무엇인지, 자신이 왜 목표를 세워야 하는지 알아야 그 목표를 향해 달려나갈 수 있다는 사실을 명심하자.

인생의 목표란 사막에 던져진 지도와도 같으며, 당신이 원하기만 하면 직접 그릴 수도 있다. 운명이란 그렇게 스스로 만들어가는 것이다!

낯선 곳에 갔는데 지도를 잘못 가져갔다면 길을 잃고 헤매기가 쉽다. 마찬가지로, 결점을 개선하려 해도 접근법이 틀렸다면 의도했던 바와 달리 결과적으로 헛수고만 한 셈이다. 당신의 인생철학이 '열심히 하는 데 의의가 있다'라면 더 이상 할 말은 없다. 문제는, 방향이 잘못 되었을 경우, '지도'가 틀렸을 경우, 주어진 노력의 대가는 오직 실패뿐이라는 것이다. 분명한 목표가 있을 때만 노력한 보람이 있다는 것을 기억하자!

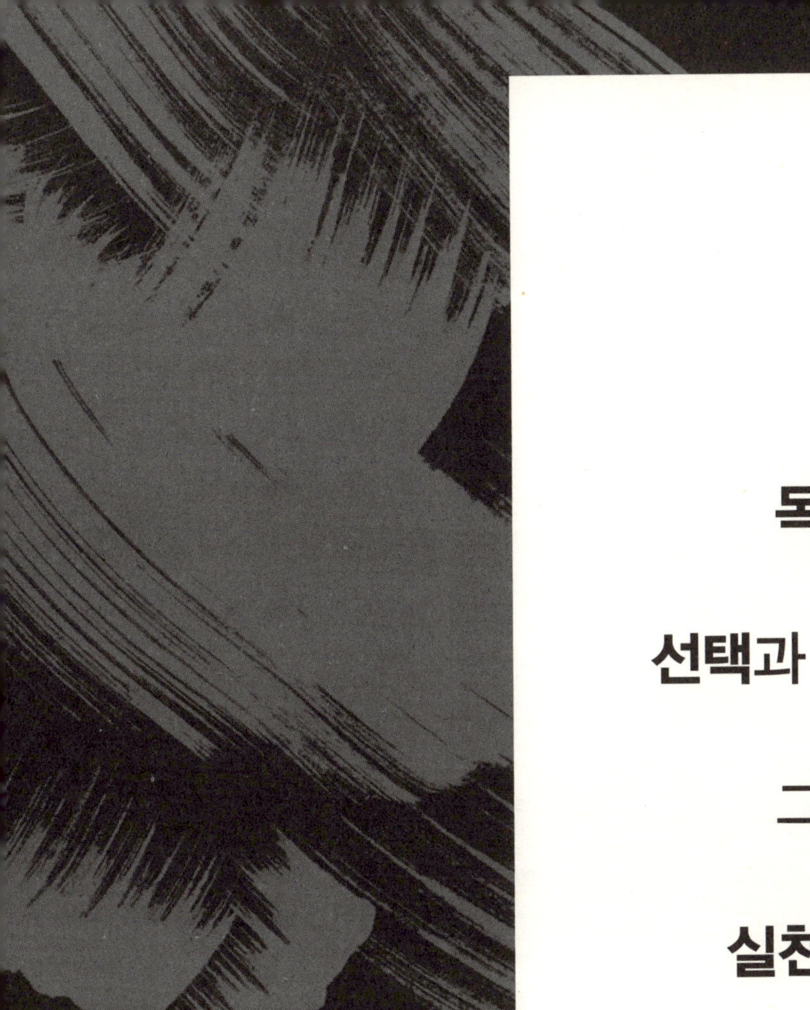

목표의 선택과 확립 그리고 실천하기

목표가 없을 때
사람들이 제일 잘하는 것이
무엇일까?

바로 사방팔방으로 도움을 청하면서 자신의 불만을 털어놓는 것이다. 그런데 문제는, 이 사람 저 사람으로부터 많은 이야기를 들을수록 오히려 더 방향을 잡지 못하고 갈팡질팡 하게 된다는 것이다. 자신이 무엇을 해야 하는지 도무지 알 수 없는 상태에 이르게 되고, 결국에는 의미 없는 인생을 살다가 아무런 흔적도 남기지 못하고 생을 마감하고 마는 것이다.

어떤 목표를 세울 것인가는 곧 어떤 인생을 살고 싶은지 선택하는 것이나 다름없다. 그만큼 목표의 선택과 확립은 매우 중요하다. 목표란 바로 한 사람의 이상이요, 인생의 계획이며 삶을 평가하는 기준이다. 단기 목표를 세운 사람만이 중간 목표를 세울 수 있고, 중간 목표를 세워본 사람이라야 장기 목표도 세울 수 있는 법이다. 이러한 일련의 과정을 거친 후에야 비로소 최종적으로 자아실현을 위한 목표와 인생 목적도 세울 수 있게 된다.

01

먼저 나를 파악하고
그에 맞는 위치를 찾자

자신을 깊이 들여다보고 스스로의 가치와 능력을 객관적으로 판단해보자. 남을 위해 밭을 갈아주는 소가 될 재목인지, 창공을 가르는 용맹스런 매가 될 재목인지, 혹은 물속에서 헤엄치는 것이 어울리는 물고기 같은 재목인지 곰곰이 생각해보고 그에 맞는 대책을 세워야 한다.

모로 가도 서울만 가면 된다? 실제로 성공으로 가는 길은 수만 가지이다. 그러나 스스로를 제대로 파악하고 자신에게 맞는 길을 선택해야만 장점과 능력을 최대한 발휘해 성공할 수 있다. 그러므로 인생목표에 걸맞은 자신의 위치를 찾는 것이 가장 시급한 문제인 셈이다.

아름다운 자연을 돌아보자! 푸른 하늘은 창공을 가르는 독수리의 것이다. 사람들은 푸른 하늘을 멋지게 나는 용맹스러운 독수리의 자태를 흠모한다. 풀의 생명력은 실로 대단하다. 어디서든 뿌리내려 대지를 푸르게 만드는 사명을 충실히 이행하니 말이다. 그런가 하면 논밭의 해충을 잡아먹고 사는 개구리는 튼튼한 뒷다리로 멋지게 점프해 해충에 일격을 가한다. 모든 만물이 그렇다. 일단 자신의 목표와 적합한 위치를 찾게 되면 적극적이고 용감하게 돌진하는 능력이 생긴다. 스스로의 강점을 알기 때문에 목표를 향해 더 열심히 노력하고 투자하게 되는 것이다.

누구나 목표를 세우는 것이 대단한 일이라는 사실쯤은 다 안다. 하지만 포기할 줄 아는 것도 대단한 능력이라는 사실을 아는 사람은 많지 않다. 목표를 찾아내야 할까, 아니면 적당히 포기를 해야 할까? 유일한 해결 방법은 바로 "나에게 정말 적합한 자리인가? "라고 자문해보는 것이다. 내가 하고 싶은 일이 무엇인지, 무엇을 해야 하는지, 자신의 능력과 한계가 어디까지인지 분명히 알아보자. 무엇을 계속 추진하고 무엇을 포기해야 할지 확실히 알아야 한다. 자신이 있어야 할 위치를 알아내기만 하면 성공은 더 이상 어려운 일이 아니다.

여기 저기 직장을 자주 옮기는 사람들이 있다. 왜일까? 달려갈 방향을 찾지 못해서, 또는 자신에게 꼭 맞는 역할을 찾지 못했기 때문이다. 이들 중 대부분은 스스로를 아직 파악하지 못해서 혹은 자신을 과대평가해서 환상에 사로잡혀 있다. 야망은 큰데 능력이 따라주질 않으니 매번 퇴짜를 맞을 수밖에 없다. 반대로, 스스로를 너무 과소평가했기 때문에 혹은 자신의 능력을 함부로 낭비해서 정작 필요할 때 실탄이 모자라게 된 경우일 수도 있다.

마땅히 있어야 할 곳에 있지 못하고 방황하는 것은 스스로를 제대로 파악하지 못한 데서 비롯된다. 성공으로 가는 길을 탐색하는 과정은 자아를 파악하고 뚜렷한 인생목표를 설정하는 데서부터 시작된다는 사실을 명심하자.

기회, 환경, 마인드, 성실성 등 성공을 결정하는 요인은 많다. 그러나 무엇보다 중요한 것은 바로 자신의 장점이 무엇인지 정확하게 아는 것이다. 나만의 강점은 성공의 씨앗을 싹 틔울 비옥한 토지나 마찬가지다. 이 씨앗을 소중히 잘 가꾸면 상상한 것보다 더 많은 것을 수확할 수 있다.

세계적으로 성공한 사람들은 예외 없이 자신의 남다른 능력을 일찌감치 파악하고 이를 100% 발휘했다. 빌 게이츠가 세계 최고의 갑부가 되고, 월트 디즈니가 미키마우스를 창조할 수 있었던 것은 무엇 때문일까? 정답은 하나, '자신의 강점을 최대한 발휘했기 때문'이다.

그렇다면, 나는 어떤 강점을 지니고 있을까? 선천적으로 어떤 특정한 부분이나 사물에 관심을 갖고 있다면 이것이 당신의 강점을 파악하는 키워드가 될 수 있다. 혹시 아직까지 자신의 강점을 발견하지 못했다면 그 이유는 무엇일까? 어쩌면 우리가 가장 소홀히 생각하는 부분에 강점이 숨어 있어서 아직 발견하지 못한 것일 수 있다.

어떤 철학자는 "흥미야말로 최고의 교사다."라고 말했다. 장사꾼이 돈에 흥미가 없는데 장사를 잘할 수 있을까? 물론 아니다. 장사란 꽤나 복잡해서 세세한 부분까지 신경을 써야 하며, 기회가 왔을 때 잡아야 한다. '돈만 봤다 하면 눈이 번쩍한다'라는 말은 바로 이런 상인정신을 두고 한 말이다.

그런데 만약 돈을 보고도 시큰둥하다면 그 사람은 장사할 위인이 못 되는 것이다. 하루빨리 다른 업종으로 전환하는 것이 상책이다.

사람들은 저마다 생각하는 방식이 다르고, 살아온 인생, 일 처리 방식과 마음가짐도 제각각이다. 어떤 사람들은 상사한테 아부해서 사랑받는 것을 좋아하는 반면, 도무지 만족할 줄 모르고 잘난 사람들만 쳐다보며 자기 신세를 한탄하는 이들도 있다. 이들 부류는 자신이 있어야 할 곳을 찾지 못하고 헤매기만 하다가 자아조차 상실하고 후회 속에서 생을 마감한다. 또, 어떤 이들은 욕심 부리지 않고 늘 자기 일에 충실하고 노력한 만큼의 대가만 얻을 수 있으면 만족한다.

저마다 라이프스타일이 다르고 사고방식도 천차만별일진대 굳이 남을 따라할 필요가 있을까? 오히려 나 자신을 파악하고 자신에게 맞는 위치를 찾아내는 편이 훨씬 현명하다. 내가 준비된 인재라면 언젠가는 마음껏 실력을 발휘할 날이 반드시 온다는 사실을 믿자. 자신의 능력을 믿고 열심히 노력하기만 하면 된다. 내 능력이 남의 눈에 띄지 않으면 또 어떤가? 성실하게 일하고 내가 사랑하는 것들을 사랑하기만 해도 충분히 즐겁게 살 수 있는데 말이다.

자기 자신을 분명하게 파악하는 것은 스스로에게 어떤 재능이 있으며 어떤 발전 성향이 있는지 파악하는 데 큰 도움이 된다. 지금까지 살아오면서 생활 속 혹은 직장에서 스스로 만족을 느끼고 비교적 성공했다고 생각되는 일에는 어떤 것들이 있었는지 기억을 떠올려보자. 그중에 분명히 당신이 남들보다 훨씬 잘하는 일이 있을 것이다. 아울러 최근 몇 년간 당신의 성격과 이미지가 어떻게 변했는지 다시 한 번 되돌아보자. 이러한 과정을 통해 앞으로 당신이 나아가야 할 방향 및 스스로의 강점이 무엇인지에 관해 뚜렷한 확신이 설 것이다.

"나는 누구일까? " 자기 자신에게 물어보자. 인생관, 가치관, 욕구 충족 우선순위, 자질, 흥미, 능력, 학력, 개인적 이미지, 동기, 가정환경, 기타 성격 및 특징 등에 관해 대답해보자. 그 다음 다시 묻는 것이다. "나의 강점은 무엇인가? " 이에 대한 대답으로는 현재 당신의 직업, 특기, 기타 자격증과 기술, 사교능력, 다른 사람과 소통하는 능력, 사회활동, 업무경험, 선호하는 근무환경, 근무능력, 발굴할 만한 잠재력, 리스크 대처능력, 여행경험 등과 관련된 내용이 포함될 수 있겠다.

이번에는 부모님과 친구들의 의견을 들어보자. 주변 사람들에게 당신을 어떻게 바라보고 있는지 이들의 평가를 들어보자. 그리고 이들이 바라본 당신의 강점에는 어떤 것들이 있는지도 물어보고 사실인지 증명해보자. 당신은 경영에 재능이 있는가? 만약 재능이 있는지 없는지 확신이 서지 않는다면 이렇게 해보자. 일반적으로 사람들은 자신 없는 일에 대해서는 두려움이 앞서게 마련이다. 그러므로 경영이 두렵게 느껴지는지 자기 자신에게 물어보자. 만약 대답이 "Yes"라면 당신은 이 분야에 재능이 없다는 뜻이다. 반대로 망설임 없이 두렵지 않다고 말할 수 있다면 당신은 경영에 재능이 있는 것이다.

당신이 어떤 강점과 경쟁력을 가지고 있는지, 당신 안에 도대체 어떤 '가능성'이 숨겨져 있는지 반드시 파악해보자. 향후 당신의 진로와 발전에 많은 도움이 될 것이다. 성공하려면 자신의 비교우위를 발휘해야 하며 장점은 최대한 살리고 단점은 노출되지 않도록 관리할 줄 아는 지혜를 갖춰야 한다.

어떤 사람이 성공한 사람일까? 대답은 아주 간단하다. 바로 자신의 재능을 충분히 발휘할 수 있는 영역을 찾아낸 사람이다. 자신이 잘할 수 있는 일을 찾아내고 관련 분야에 대해 깊게 이해하고 있다면 목표의 성공 가능성은 그만큼 높아진다.

예전에 아주 평범한 시골 마을 출신의 미국인이 있었다. 가난한 가정에서 태어난 그에게는 대학 졸업 후 고향으로 돌아가 교사가 되겠다는 꿈이 있었다. 그러나 뜻대로 되지 않았다. 처음에는 세일즈를 하다가 그만두고 마트에서 햄, 비누 등을 팔았다. 당연히 삶이 만족스러울 리가 없었다. 그러다 그는 자신의 잘하는 것을 발견하게 되었다. 대중연설에 탁월한 재능이 있음을 발견한 그는 낮에는 열심히 책을 쓰고, 밤에는 야간학교에서 기업가들을 대상으로 연설에 대한 강의를 했다. 일이 고달팠지만 포기하지 않았다. 자신이 있어야 할 곳을 알게 된 그는 끊임없이 노력했다. '하늘은 스스로 돕는 자를 돕는다'라고 하지 않았는가! 그 미국인은 마침내 세계적인 심리학자이자 경영컨설턴트가 되었다. 그리고 그가 창시한 성공학은 끊임없이 노력하는 수많은 사람들에게 큰 영향을 주었다. 그가 바로 저명한 '데일 카네기^{Dale Carnegie}'이다.

카네기뿐만이 아니다. 콘돌리자 라이스^{Condoleezza Rice} 역시 자신의 올바른 위치를 찾음으로써 성공한 사례에 속한다. 라이스는 지극히 평범한 사람으로 태어났지만 끊임없는 노력을 통해 워싱턴에서 '가장 영향력 있는 여성'으로 거듭났다. 인종차별을 받으면서 자란 흑인 여자아이가 미국의 국무장관이 되기까지 그녀가 쏟은 땀과 열정을 부정하는 사람은 아마 없을 것이다. 이 위대한 변화는 라이스가 열여섯 살 때 내린 결정에서부터 시작되었다. 라이스는 어릴 때 그저 피아니스트가 되고 싶었을 뿐, 큰 포부는 없었다. 실제로 피아노에 상당한 재능이 있었던 그녀는 열여섯의 나이에 덴버대학의 음악대학에 입학하여 피아노를 전공하게 된다. 그 후 유명한 아스펜^{Aspen} 음악제*에 참가했다가 큰 충격을 받는다. "열한 살짜리 꼬마를 만났어요. 제가 꼬박 1년을 연습해야 잘 칠 수 있는 곡을 악보 한 번 보고는 바로 연주하더군요. 그때 저는 제가 카네기홀에서 연주하게 될 날은 영원히 오지 않을 거라는 걸

깨달았죠.”라고 라이스는 회상했다. 그래서 그녀는 다시 처음부터 미래를 설계하기 시작했다. 다행히도 새로운 목표를 발견했고, 국제 정치계에 뛰어든 결과 오늘날의 눈부신 성공을 거두었다.

미국 국무장관과 피아니스트 중 어느 것이 더 가치 있다고 꼬집어 말하기는 힘들다. 그러나 라이스가 둘 중에 어느 것이 될 가능성이 컸나? 라고 묻는다면 쉽게 대답할 수 있다. 라이스에게 좀 더 적합한 길이 바로 그녀가 가야 할 길이었다. 라이스는 이 점을 잘 알고 있었기에 성공할 수 있었던 것이다.

자신에게 꼭 맞는 위치를 찾고 싶다면 현재 상황과 앞으로의 목표를 이성적이고 객관적으로 비교할 줄 알아야 한다. 즉, 개별성과 공통성을 근거로 개인의 능력과 재능에 따라 자신이 정한 목표들을 객관적으로 비교하여 가장 적합한 것을 선택해야 한다. 적절한 선택은 당신의 성공을 위한 탄탄한 발판이 될 것이다.

여기서 끝이 아니다. 목표를 끊임없이 조정하는 자세도 필요하다. 단번에 꼭 맞는 위치에 오르게 된다면 더할 나위 없이 좋겠지만 세상일이란 복잡하며 그리 만만치 않다. 때로는 예상치 못한 일들이 일어나므로 상황을 합리적으로 정리하기 위한 조정이 필요하다. 이러한 과정을 거쳐야만 ‘물을 만난 물고기처럼’ 자유자재로 재능을 발휘하여 풍성한 수확의 기쁨을 맛볼 수 있을 것이다.

***아스펜(Aspen) 음악제**

미국 콜로라도 주 록키산맥의 아스펜 마운틴 북쪽 산비탈에 자리잡은 아스펜은 주민 6천여 명의 작은 마을. 해마다 6월에서 8월 사이 아스펜 음악제와 아스펜 음악학교가 열린다. 이 도시 명물인 아스펜 음악제와 음악학교는 일본, 한국, 중국에 매년 재팬 아스펜, 코리아 아스펜 등으로 브랜드가 수출될 정도다.
여름철이면 음악, 연극, 무용, 사진, 영화, 문학, 디자인의 문화행사로 2백50개 이벤트에 10만 명 인파가 찾는다.

사람들은 누구나 자아실현을 꿈꾼다. 그런데 진정한 자아실현이란 자신에게 맞는 위치를 찾을 때야 비로소 가능해진다. 자신이 꼭 있어야 할 곳을 찾아내야 설령 중간에 좌절을 겪더라도 쉽게 쓰러지지 않을 것이며, 성공을 거머쥐었을 때 자만하지 않을 것이고, 잠시 방향을 잃더라도 헤매지 않을 것이다. 자신을 정확히 파악하고 꼭 맞는 자리를 찾으려면 불굴의 정신과 무슨 일이든 해낼 수 있다는 원대한 포부와 의지로 자신을 무장해야 한다. 그래야만 평범한 우리가 비범한 업적을 이룰 수 있다.

02

정확한
인생목표를 세우자

누구에게든 성취하려는 목표가 하나씩 있어야 한다. 여기서 목표란, 확실히 정해진 어떤 양적인 성과가 아니라, 자신이 정한 미래의 어느 시점에 반드시 도달하고 말겠다는 이상적인 위치나 달성하고 말겠다는 질적인 성과를 가리킨다.

 목표란 인생의 방향이자 전진할 수 있는 원동력이다. 잘못된 인생목표를 세우면 심각한 결과를 초래해 평생 후회하게 되지만, 바른 인생목표를 세우면 인생의 가치를 깨닫는 동시에 훌륭한 성과도 거둘 수 있다.

중국 당태종 때의 일이다. 장안長安의 한 방앗간에 사이좋은 말과 당나귀가 살고 있었다. 말은 밖에서 수레를 끌고 나귀는 안에서 곡식을 갈며 각자 맡은 일을 열심히 했다. 그러던 어느 날, 삼장법사가 서역 인도로 불경을 얻으러 떠나면서 이 말을 타고 가게 되었다.

삼장법사가 불경을 구한 뒤, 말은 무려 17년 만에 장안으로 돌아왔다.

옛 친구를 잊지 않았던 말은 제일 먼저 나귀를 만나기 위해 방앗간을 찾았다. 가도 가도 끝이 보이지 않았던 길, 넓디넓은 사막, 깊고 울창한 숲, 높고 험한 산봉우리들을 말은 나귀에게 자신이 여행하면서 보았던 풍경에 대해 자세히 들려주었다. 나귀는 감탄하며 말했다.

"우와, 정말 대단해! 그렇게 긴 여행을 하다니, 난 감히 상상조차 할 수 없는 걸!"

그러자 말이 나귀에게 말했다.

"우리가 걸은 거리는 거의 비슷해. 내가 서역으로 향하고 있을 때 너 역시 쉬지 않고 움직였으니까. 단, 나와 삼장법사님은 원대한 목표가 있었기 때문에 시종일관 한 가지 방향으로 나아갔고, 그래서 드넓은 세계를 볼 수 있었어. 반면 넌 눈을 가린 채 평생 동안 맷돌을 끌며 뱅글뱅글 같은 자리를 돌기만 했지. 그래서 넌 영원히 이 좁은 곳을 벗어날 수 없었던 거야."

이 짧은 이야기가 시사하는 교훈은 무엇일까? 말과 나귀 모두 쉬지 않고 노력했고, 평생 걸었던 거리도 똑같았다. 그러나 나귀는 목표가 없었기 때문에 영원히 좁은 방앗간을 벗어날 수 없었다. 우리의 삶도 마찬가지다. 목표가 없는 사람은 세월 따라 나이만 먹으며 지루하고 평범한 하루하루를 반복할 뿐이다. 반면에 올바른 인생목표가 있는 사람은 성공하기 위해 도전을 멈추지 않는다. 말과 나귀의 이야기가 들려주는 교훈이란 바로 '목표가 없으면 헛된 인생을 살게 된다'는 것이다. 당신은 말과 나귀 중에 무엇이 되고 싶은가?

주변 사람들을 자세히 살펴보라. 사실 진정한 천재와 바보는 극히 드물다. IQ로 보나 다른 능력으로 비교해보나 사람들의 능력이란 거의 비슷비슷하다. 그런데 같은 인생을 살고도 누구는 성공하지만, 누구는 보잘것없는 현실과 계속해서 씨름해야 한다. 이렇게 큰 차이가 나는 이유는 카네기의 연구조사 결과를 살펴보면 정답을 알 수 있다.

예전에 카네기가 전 세계 인구 가운데 연령, 인종, 성별이 다른 만 명을 대상으로 인생목표에 대한 조사를 한 적이 있다. 당시 그는 3%의 사람들만 명확한 목표를 가지고 있으며 이들이 어떻게 목표를 실현할지도 알고 있다는 사실을 발견했다. 그 외의 97%의 사람들은 아예 목표가 없거나 명확하지 않은 목표를 갖고 있었다. 어떻게 해야 목표를 실현할 수 있는지 모르는 사람들도 있었다. 10년 뒤, 카네기는 상술한 만 명을 대상으로 또 한 차례 조사를 해보았다. 그리고는 깜짝 놀랄만한 결과를 얻게 되었다. 만 명 중 5%의 사람들은 찾을 수 없었기 때문에 결과적으로 95%만이 조사에 참여한 셈인데, 앞서 말한 97%에 속했던 사람들은 열 살을 더 먹었다는 사실 말고는 생활, 일, 개인적인 성취도 면에서 눈에 띄는 그 어떤 성과도 발견할 수 없었다. 그들은 여전히 지극이 평범한 하루하루를 살고 있었다. 반면, 처음부터 명확한 목표가 있었던 3%의 사람들은 어땠을까? 비록 정도의 차이는 있었지만 모두 상당한 성과를 내면서 자신의 원래 인생목표를 이루기 위해 계속 달려나가고 있었다.

카네기의 조사를 통해 우리는 성공한 사람과 실패한 사람들의 가장 큰 차이점은 천부적인 재능과 기회의 유무가 아니라, 분명한 인생목표의 유무였다는 놀라운 사실을 발견할 수 있다.

빌 게이츠가 한 고등학교를 방문했을 때 학생 중 한 명이 "당신의 이상은 무엇인가요?"라고 물었다. 그러자 빌 게이츠는 "나는 어릴 때부터 완벽한 컴퓨터를 만들겠다는 꿈이 있었단다. 이미 절반의 꿈은 이루었기 때문에 내가 완전히 일을 그만두기 전까지 나머지 꿈을 실현하는 것이 지금 나의 소망이란다."라고 대답했다.

사람이 인생목표를 계획할 때는 될 수 있으면 장기적인 안목으로 임해야 한다. 예를 들어, 어떤 학생이 명문 학교에 입학하면 좋은 직장을 구할 가능성이 그만큼 더 높아질 것이다. 그러나 이는 단기적인 목표일뿐이다. 어떤 학교를 졸업할 것인가가 아니라 참지식을 얼마나 충분히 배울 수 있느냐를 더 고려해야 한다.

'명문대학에 입학'하거나 '유명한 회사에 입사'하는 것은 올바른 최종 인생목표가 될 수 없다. 그러므로 설령 '불합격'했다고 해서 크게 낙담할 필요는 없다. 자신이 흥미를 느끼는 분야, 자아 발전에 적합한 방향을 발견해냈다면, 게다가 시간과 배움의 소중함까지 알게 되었다면, 당신은 머지않아 성공할 것이다. 최선을 다해 열심히 일하며 분명하고 바른 판단을 내릴 수 있다면 언제든지 인생의 목표가 무엇인지 알 수 있다. 또한 그래야만 이상과 인생목표를 정함으로써 커다란 성공을 거둘 수 있다.

인생목표는 반드시 명확하고 구체적이어야 한다. 뜬구름 잡기 식의 목표가 아니라 뚜렷한 방향을 제시하는 목표여야 한다. 예를 들어, 당신이 작가가 되려 한다면 소설을 쓸 것인지 아니면 칼럼리스트가 될 것인지, 그것도 아니면 자유기고가가 될 것인지를 분명히 해두자. 목표가 명확할수록 성공의 시기가 앞당겨지기 때문이다.

또한, 자신의 목표를 성실히 따르면서도, 동시에 현실 상황에 맞게 시기적절하게 목표를 수정할 수도 있어야 한다. 열심히 노력한 결과 처음 기대했던 것보다 더 좋은 성과를 거두었다면 기대치를 적당히 상향 조정할 수 있을 것이고, 기대치에 많이 못 미쳤다면 반대로 기대치를 하향 조정할 수 있을 것이다. 소기의 목표를 달성했다면 좀 더 난이도가 있는 목표를 설정할 수도 있다. 반대로, 만약 목표 달성에 실패했다면 대범하게 현실을 받아들이고 실패한 경험을 분석한 다음 이로부터 교훈을 얻도록 하자.

인생은 짧다! 그러므로 우리에게 주어진 시간 역시 한계가 있다. 따라서 소중한 시간을 타인의 삶을 위해 희생하거나 타인의 도그마에 갇혀 낭비하지 않기를 바란다. 남의 말대로 움직이느라 당신의 내부에서 들려오는 진실한 목소리에 귀 기울이지 못하는 우를 범하지 말라. 가장 중요한 것은 마음 가는 대로, 직감에 따라 행동할 수 있는 용기를 갖는 것이다. 당신의 마음과 직감이야말로 당신이 어떤 사람이 되기를 갈망하는지 가장 잘 알고 있기 때문이다. 이에 비하면 그 외의 판단 근거는 상대적으로 덜 중요하다.

프랑스의 작가 알렉상드르 뒤마Alexandre Dumas는 "삶의 목표가 없는 사람은 나침반 없이 항해를 하는 것과 같다."라고 말했다. 드넓고 깊은 인생이라는 바다에서 목표가 있어야만 방향을 잃고 헤매거나 거친 파도에 휩쓸려가지 않을 것이다. 올바른 인생목표가 우리의 인생을 이끌어주는 '나침반'이지만 어떤 나침반을 선택할 것인지는 어디까지나 자신의 몫이다.

자신을 정확하게 파악해야만 인생목표를 바르게 세울 수 있다. 자신을 과소평가하면 잠재력을 발휘하기 어려워 확실시되던 성공도 놓칠 수 있다. 너무 안타까운 일 아닌가? 하지만 자신을 과대평가해도 문제다. 환상이 이상이 되어버리면 절대 목표를 실현하지 못해 결국엔 쓰디쓴 실망과 좌절을 맛볼 수밖에 없기 때문이다. 그럼 어떻게 해야 올바른 목표를 세울 수 있을까?

첫째, 지금 자신이 어디쯤에 서 있는지부터 확인해야 한다. 무슨 일을 하고 싶은지, 어떤 사람이 되고 싶은지 스스로에게 물어보자. 그런 다음 이를 바탕으로 나만의 목표를 세워보자.

인생목표와 개인 소양 및 개성을 잘 조화시키는 것은 정확한 목표를 세우기 위한 첫걸음이다. 자신의 소양과 능력에 맞게 잠재력도 발휘하고 사회에 공헌도 할 수 있는 목표를 세워보자. 그래야만 개인의 목표와 사회가 추구하는 목표를 통일하기가 쉬워진다. 뜬구름 잡기 식의 모호한 목표도 문제지만 과도하게 높은 목표를 세우는 것도 바람직하지 않다. 일단 목표가 정해지면 최선을 다해 실천하기 마련인데, 만약 결과적으로 목표를 달성하지 못하면 자신의 능력을 의심하게 될 뿐만 아니라 절망과 패배의 고통에서 헤어 나오지 못할 수도 있기 때문이다.

일반적으로 목표를 최종목표, 중간목표, 그리고 단기목표로 나누어 세울 수 있다. 지금 이 단계에서 당신이 세우려는 것은 바로 최종목표에 해당한다.

둘째, 중간목표를 세워야 한다. 최종목표만 가지고는 안 된다. 중간목표를 통해 성공할 수 있다는 가능성을 발견하면서 자신감도 커지게 된다. 그렇기 때문에 중간목표가 중요한 것이다! 사람들은 목표를 만들 때 중간목표 설정을 쉽게 간과하곤 한다. 그런데 중간목표 없이 최종목표만 가지고 있으면 시간이 흐르면서 차츰 목표실현에 대한 열망이 식어가고 희미해짐에 따라 쉽게 목표 자체를 포기하고 말 것이다.

경우에 따라서는 현실에 안주한 채 눈앞의 이익만 쫓게 될 수도 있는데, 이들은 결과적으로 아무것도 이루지 못한다.

셋째, 마지막으로 중간목표와 최종목표를 실현하기 위한 첫걸음인 단기목표를 세워야 한다. 출발선을 고려하여 세우는 단기목표는 중간목표에까지 영향을 줄 수 있다. 시작부터 질 수는 없지 않은가! 따라서 구체적으로 명확하게 확실한 단기목표를 세워보자.

최종목표를 이루기 위해 작은 목표를 세우고 하나하나씩 완성해나가는 과정은 상당히 중요하다. 이를 통해 성취감을 느끼는 것은 물론 자신감도 생기기 때문이다. 작은 목표를 이루기 위해서는 세부적인 계획표를 짜고 엄격하게 지킬 필요가 있다. 마치 집을 지을 때처럼 먼저 꼼꼼하고 분명하게 설계도를 그린 뒤 본격적인 건축에 들어가야 한다.

인생목표를 잘 세우면 목표를 향해 전진하는 순간순간은 비록 힘들지라도 결과적으로 값진 경험을 할 수 있다. 그래서 최종 목적지에 도착하기도 전에 이미 적지 않은 수확물을 얻을 것이다. 인생목표를 정확하게 세워야만 성공에 더 다가설 수 있다는 사실을 명심하라.

✎ 실천을 위한 조언

목표에 도달하기 위해 우리는 상황 변화에 따라 수시로 전략을 바꿔야 한다. 하나의 계획이 실패할 경우를 대비해서 미리 또 다른 계획을 준비해둬야 하는 것이다. 여기서 꼭 명심해야 할 것이 있다. 바로 성공으로 가는 큰 길을 따라 계획을 수정하되 경솔하게 목표 자체를 바꾸어서는 안 된다는 점이다.

03

작은 것부터
단계적으로 목표를 실현하자

많은 사람들이 목표를 정하지만 실현하지 못하는 경우가 다반사이다. 왜 그런 것일까? 문제는 그들의 목표에 있다. 큰 목표만 있고 실천해야 하는 작은 목표는 없기 때문이다.

어느날 아기 매가 신이 나서 엄마 매에게 이렇게 말했다.

"엄마, 두고 보세요. 전 언젠가 반드시 대단한 일을 해내서 다른 매들에게 제가 최고라는 걸 보여줄 거예요."

그러자 엄마 매가 아기 매에게 물었다.

"그래? 아가야, 그럼 너는 어떤 대단한 일을 하고 싶니?"

아기 매는 자신감에 가득 차서 말했다.

"전 세계를 날아다니면서 다른 매들이 발견하지 못한 세상의 많은 것들을 찾아낼 거예요."

그러자 엄마 매는 기뻐하면서 얘기했다.

"좋은 생각이로구나, 아가야! 그렇지만 여행을 떠나기 전에 반드시 여러 가지 비행기술을 익혀야 한단다."

그다음부터 아기 매는 매일매일 고난이도의 힘든 비행기술을 익히기 시작했다. 아기 매는 나는 것 이외에 그 어떤 일에도 관심을 보이지 않은 채 오로지 나는 연습에만 몰두했다.

며칠 뒤 엄마 매가 아기 매에게 말했다.

"아가야, 우리 먹이를 잡으러 가자꾸나!"

그러자 아기 매가 귀찮다는 듯이 대꾸했다.

"엄마나 가세요. 전 그런 하찮은 일을 할 시간이 없어요!"

이 말을 들은 엄마 매는 깜짝 놀랐다.

"아가야, 그게 무슨 말이니?"

아기 매는 우쭐거리며 대답했다.

"엄마가 저더러 열심히 비행 훈련을 하라고 하셨잖아요. 근데 왜 아무런 의미 없는 사소한 일로 제 연습을 방해하시는 거예요?"

그러자 엄마 매가 말했다.

"비행 훈련에는 먹이를 찾는 것도 포함된단다. 안 그러면 세계 여행을 떠나자마자 굶어 쓰러지지 않겠니? 그러면 높이 날 힘도 없을 테고. 그러다보면 결국 굶어죽게 될 거야."

아기 매는 바로 이 중요한 사실을 알지 못했던 것이다.

단기목표 없이 최종목표만 세우는 것은 무의미한 일이다. 세상에는 대단한 이치란 것이 따로 존재하지 않으며 위대하고 큰일이란 더더욱 존재하지 않는다. 모든 일은 사실 다 평범하고 작은 것이다. 위대하거나 웅대한 목표들도 작은 목표가 모여 완성된 것들이다. 가시적인 큰 것만을 찾아 헤매는 사람들은 아마 평생을 가도 자신의 실력을 발휘할 만한 일을 찾기 힘들다. 그리하여 결국 어떤 성공도 이루지 못할 게 분명하다.

사람마다 인생의 목표가 있다. 얼핏 보기에 거창한 목표는 달성하기 어려운 것처럼 보이겠지만 이 목표를 수많은 작은 목표로 나누어 하나씩 차근차근 달성해나간다면 그다음부터는 더 이상 힘든 일은 없을 것이다. 이렇게 꾸준히 노력하다 보면 당신도 분명히 성공할 수 있다. 큰 목표를 달성하고 싶다면 작은 목표들을 세워 하나하나 꾸준히 이뤄나가야 한다. 반면에 커다란 목표만 세워 놓고 세세한 목표를 이루려는 노력을 하지 않는 사람이 있다면 목표가 없는 사람과 무엇이 다르겠는가? 다시 말해 작은 목표가 실현되지 않은 상태에서 큰 목표를 논한다는 것은 어불성설이다.

목표가 강력한 동기부여 작용을 일으키며 사람들에게 가장 확실한 보상을 제공한다는 심리학 연구 결과가 발표된 바 있다. 목표가 제공하는 보상 즉, 대가를 제공한다는 것은 목표를 세우고 실현하는 능력의 향상, 목표 달성 후 맛볼 수 있는 만족감 등 여러 가지를 포함한다. 목표를 나누어 하나씩 현실로 만들어나가는 과정에서 희망의 서광을 볼 수 있고, 마음속엔 늘 성공에 대한 갈망이 자리하게 된다. 세부 목표가 전부 실현될 가능성이 보인다면 성공은 가까이에 있다고 봐도 무방하다.

1984년 도쿄 국제마라톤대회에서 뜻밖에도 무명이었던 일본 선수 야마모토 다이치가 세계 챔피언을 차지했다. 기자가 이렇게 놀라운 성공을 거둔 비결이 무엇이냐고 물었을 때 그는 "지혜 덕분입니다."라고 답했다.

당시에 많은 사람들은 키도 작고 무명이었던 야마모토가 우연찮게 1등을 하고 자신을 과시하는 것이라 생각했다. 마라톤은 체력과 인내심을 요하는 운동이기 때문에 폭발력과 속도보다 강인한 체력과 인내심이 뒷받침되어야만 승리할 가능성이 있다. 그래서 야마모토가 지혜 덕분에 승리했다고 했을 때 사람들은 납득이 가지 않았다.

2년 뒤 야마모토는 이탈리아의 밀라노에서 열린 국제마라톤대회에 일본 대표로 참가했다. 그리고 또다시 세계 챔피언에 등극했다. 기자는 한 번 더 야마모토에게 승리의 비결을 물었다. 그러나 소극적이고 말주변이 없었던 야마모토로부터 돌아온 대답은 지난번과 같았다. "지혜 덕분입니다." 비록 여전히 의문은 풀리지 않았지만 기자는 더 이상 캐묻지 않기로 했다.

그로부터 10년 뒤 수수께끼 같았던 야마모토의 비밀이 밝혀졌다. 그는 자서전에 다음과 같은 글을 남겼다. "저는 매번 경기하기 전에 차를 타고 경기 코스를 자세히 둘러보았습니다. 그런 다음 코스 주변에서 눈에 띄는 사물을 마음속에 그려 넣었습니다. 첫 번째 기준은 은행, 두 번째 기준은 나무, 세 번째 기준은 빨간 건물……하는 식으로 말입니다. 이렇게 결승점까지 새겨두었습니다. 그리고 경기가 시작되면 100미터 달리기를 하듯이 첫 번째 목표를 향해 달렸습니다. 첫 번째 목표에 도달하면 똑같은 방식으로 두 번째 목표를 향해 달렸지요. 40킬로미터가 넘는 거리를 몇 개의 작은 목표로 나눴기 때문에 가볍게 완주할 수 있었던 것입니다. 처음에 이 방법을 몰랐을 때는 40여 킬로미터 밖의 결승점만을 목표로 하고 달렸습니다. 그 결과 10여 킬로미터를 달린 뒤 이내 지쳐 쓰러지게 되었습니다. 너무 긴 거리에 지레 겁을 먹었기 때문이죠."

야마모토의 '단계별 목표실현' 경험은 우리의 일과 생활에 시사하는 바가 상당히 크다. 사람들이 어떤 일을 하다가 중간에 그만두곤 하는 것은 어려워서라기보다는 성공이 너무 멀리 있다고 생각하기 때문이다. 엄밀히 말해 이들은 실패했기 때문에 포기하는 것이 아니라 오히려 나태함 때문에 실패하는 것이다.

누구나 목표 하나쯤은 갖고 있다. 하지만 목표를 이루는 사람은 거의 없다. 물론 실패하는 원인은 여러 가지이다. 그 중 일부는 너무 급하게 달성하려다 보니 마음만 앞서서 오히려 일을 그르치며, 또 다른 사람들은 이 일을 시작한 지 얼마 지나지 않아 다시 저 일을 시작해서 결국은 이도저도 매듭짓지 못한다. 이 밖에 이제 막 시작했을 때는 자신감이 넘쳐나 팔을 걷어붙이고 적극적으로 하다가 며칠 못 가서 인내심이 바닥나 중도에 포기하고 마는 경우도 있다. 이런 사람들에게 야마모토처럼 최종 목표를 단계별로 나누어볼 것을 권한다. 그러다 보면 나중에 땅을 치며 후회하고 안타까워할 일이 줄어들 것이다.

큰 목표를 달성하기 위해서는 착실한 점진적 실천이 필수다. 달성에만 급급할 것이 아니라 언제나 한 계단 한 계단, 한 걸음 한 걸음 순서대로 꾸준히 실천해야 한다. 그래야 최종적인 목표 달성 자체에만 연연하는 것, 쉽게 지치고 나태해지는 것을 방지할 수 있을 뿐 아니라 위기를 만났을 때 용감하게 대처하는 능력과 자신감을 기를 수 있다. 이것이 바로 단계별 목표실천 공략에 담긴 깊은 철학적 이치다. 그러므로 힘차게 달려 나갈 목표를 정할 때는 막무가내로 최종목표에만 관심을 둘 것이 아니라 장기적인 특징, 난이도를 고려하여 이를 단계별 목표로 나눈 다음, 마지막 단계까지 순서대로 차근차근 이뤄나가야 한다.

많은 사람들이 아시아 최대의 부자 리카싱李嘉誠의 성공을 부러워한다. 부러워하기 전에 그 역시 성공을 향해 한걸음 한걸음씩 다가갔다는 사실을 아는가?

유년기에 리카싱의 목표는 가난에서 벗어나는 것, 그리고 더 이상은 현재 끼니를 해결하면서 다음 끼니를 걱정하지 않는 것이었다. 그 목표를 이루고 나자, 그는 훌륭한 직원이 되고 싶었다. 훗날 그는 훌륭한 직원이 되었을 뿐 아니라 직접 회사를 창립하고 크고 강한 기업으로 발전시켰다. 리카싱은 원대한 꿈을 작은 꿈으로 나눈 뒤 하나하나씩 차근차근 이뤄냈고, 그 결과 그의 최종 목표는 어느새 현실이 되었다.

리카싱이 이와 같은 성공을 거머쥘 수 있었던 것은 무엇보다도 자신의 근면성실함과 노력 이외에 합리적으로 자신의 목표를 분석했기 때문이다. 목표를 조각조각 나누는 것은 이상과의 타협이 아니라 중압감에서 벗어나는 방법이었던 것이다. 처음부터 목표의 중압감에 눌려 이내 바닥으로 가라앉기보다는 조금씩 나누어 짊어짐으로써 작은 성공을 거듭하면서 최종 목표에 도달하는 것이 훨씬 낫지 않은가?

미국 하버드대학 심리학과 윌리엄 제임스William James 교수는 연구를 통해, 사람들이 일반적인 상황에서는 자기능력의 20%~30%만 발휘하지만, 성공이나 성취라는 적절한 보상을 받게 되면 80%까지도 발휘한다는 사실을 발견했다. 다시 말해 아무리 완벽한 사람이라도 적당한 동기부여가 안 된 상태에서는 최종 목표 실현이 어렵다는 것이다.

대개 하나의 목표를 실현하고 나면, 그때부터 맥이 확 풀리면서 현실안주의 유혹이 시작된다. 더 열심히 노력하기보다 이미 달성한 성과만 누리려는 심리가 고개를 드는 것이다. 현대사회에는 개인의 무궁무진한 발전에 유리한 제반 여건이 마련되어 있다. 적극적이고 진취적인 사람이라면 이를 적극 활용해보자. 그러기 위해서는 소기의 목표를 달성한 다음에 다시 새로운 목표를 세워야 한다. 기존에 만든 목표가 달성되기를 기다렸다가 전혀 새로운 목표를 다시 세울 것이 아니라, 애초에 여러 가지 목표를 구상하는 게 어떨까? 그렇게 되면 하나가 완성되었을 때 바로 다음에 어떤 목표에 착수해야 할지, 앞으로 어느 방향으로 나아가야 할지 바로 느낌이 올 것이다. 맨 처음 목표만을 당신의 처음이자 마지막 고지로 삼지 말길 바란다.

계속 새로운 목표를 세운다는 것은 곧 자기 자신에 대한 끊임없는 도전이자 멈추지 않고 발전한다는 것을 의미한다. 그러므로 언젠가 꼭 완성해야 하는 장기적 목표를 만들어보자. 이러한 장기적 목표는 구체적이고 명확하며 조절 가능한 단계별 소목표로 구분하여 실현해야 함을 여러 차례 강조했다. 한순간에 억만장자가 될 순 없지만 1,000만 개의 목표를 완성한 후라면 이야기가 달라진다. 그때쯤엔 억만장자의 꿈도 더 이상은 망상이나 공상은 아닐 것이다. 또한 자신감이란 것도 끊임없는 목표 실천 과정에서 얻게 되는 성취감이 모여 이루어지는 것임을 기억하자.

큰 목표를 작은 목표로 나눌 때 다음과 같은 방법을 적용해 보라.

1) 하나의 목표를 나눠야 하는 이유를 찾아라. 목표란 누구의 강요에 의해 생기는 것이 아니라, 본인의 내면에서 생기는 것이므로 "왜?"라고 자문해보고 자답을 이끌어내야 한다.

2) 단기적, 장기적인 기한을 정하자. 사람에게는 자꾸 미루려는 나쁜

습관이 있으므로 기한을 정해 집중해서 목표를 완수해야 한다. 일단 목표를 단계별로 나눠 각각 기한과 성취도를 정한 후 실천하면서 수시로 체크하고 조정하도록 하자.

3) 목표를 실현하기 위해 무엇이 필요한지 따져보자. 가령 대학교수가 되고 싶다면, 교수 채용시 어떤 경력이 필요한지 알아야 계획대로 일을 진행해 조건을 충족시킬 수 있다.

기는 법을 알아야 걷는 법을 배울 수 있고, 걷는 법을 알아야 뛰는 법도 배울 수 있는 법이다. 다시 말해 목표를 실현하려면 이처럼 체계적인 원칙이 있어야 하고, 이를 바탕으로 목표 달성을 위한 구체적 계획을 짜야 한다는 것이다. 우선은 작은 것부터 시작해 하나씩 성취해나가다 보면 큰 목표를 실현할 수 있는 자신감이 생길 것이다. 이제 드디어 당신은 성공의 발판에 오른 것이다.

✒ 실천을 위한 조언

인생이란 기나긴 여정이다. 만약 삶이라는 과정을 작은 목표의 연속이라고 본다면 성공으로 가는 길이 더 이상 어렵고 힘들게 느껴지지 않을 것이다.

04

인내심을 가지고
끝까지 노력하자

끈기란 생존 본능이요, 인내심이자 기다림을 의미한다. 끈기 있게 무엇을 하는 것 자체가 바로 자기수련의 과정이기 때문이다. 이 과정을 묵묵히 견뎌내지 못한 사람에게는 늘 실패의 그림자가 따라다니겠지만, 훌륭하게 견뎌낸 사람에겐 성공이 뒤따를 것이다.

∾ 어떤 일을 성공으로 이끌고 싶다면, 반드시 끝까지 참고 견디며 성공하고야 말겠다는 정신을 가져야 한다. '끈기'가 바로 '성공의 비결'인 것이다!

소크라테스가 제자들에게 아주 쉬운 시험문제를 냈다. 그는 미소 띤 얼굴로 "오늘 너희들은 아주 간단한 동작을 하나 배우게 될 것이다. 자기 팔을 최대한 앞으로 흔든 다음, 다시 최대한 뒤쪽으로 흔드는 동작이다."라고 말했다.

그는 말을 마친 뒤 제자들에게 직접 시범을 보였다.

제자들은 낄낄거리며 웃기 시작했다. 이 문제가 너무 쉽다고 생각했기 때문이다. 소크라테스는 이어서 조건을 하나 제시했다.

"오늘부터 매일 나처럼 이렇게 팔을 300번 흔들도록 해라. 할 수 있 겠느냐?"

제자들은 이구동성으로 "네!"라고 크게 대답했다. 모두들 이렇게 우 습고 쉬운 문제를 누가 못 하겠느냐고 생각했다.

한 달 뒤, 소크라테스는 자신의 제자들을 불러 모은 뒤 진지하게 물 었다.

"매일 팔을 300번씩 흔들었느냐?"

"네, 했습니다!"

90%의 제자들이 손을 들고 그렇다고 대답했다.

또 다시 두 달이 지났다. 소크라테스는 다시 한 번 같은 질문을 했다. 이번에는 손을 든 제자가 80% 밖에 되지 않았다.

시간은 흘러 어느 덧 일 년이나 지났다. 소크라테스는 또다시 제자 들에게 "하루에 300번씩 팔을 흔들라고 했던 것을 너희들 중 누가 아 직도 실천하고 있느냐?"라고 물었다.

제자들은 서로를 번갈아가며 멀뚱멀뚱 쳐다만 볼뿐 어느 하나 자신 있게 대답하는 사람이 없었다. 겨우 한 명이 손을 번쩍 들었을 뿐이었다.

그는 바로 훗날 저명한 철학자가 된 플라톤이었다. 플라톤 한 사람 만 모두가 가장 쉽고도 간단하다고 생각했던 그 일을 끝까지 쉬지 않고 해온 것이다.

반면, 거의 대부분의 제자들은 백지 답안을 낸 것이나 다름없다고 할 수 있다. 왜 그랬을까? 문제는 쉬웠지만 끝까지 해내기가 어려웠기 때 문이다. 플라톤이 완수할 수 있었던 것은 그의 끈기 덕분이었다. 끈기는 강한 의지와 인내를 요하므로 성공하고 싶다면 어려운 일이 되었든 쉬운 일이 되었든, 무조건 끝까지 해내려는 마인드가 있어야 한다. 끝까지 해내는 사람만이 승리할 수 있는 법이다. 플라톤은 "인내란 똑똑하고 현명해지기 위한 기본이다."라고 말했다. 이것은 그가 경험을 통해 체득한 진리이다.

참을성 있게 끝까지 밀어붙이려면 넘치는 패기, 드넓은 가슴 그리고 강한 인내심이 있어야 한다. 미국의 정치가이자 과학자였던 프랭클린 Benjamin Franklin은 인내하는 자만이 목표를 이룰 수 있다고 말했다. 사소한 것에 목숨 걸지 않고 성패에 집착하지 않으며 잡념을 버리고 모든 정신을 목표에 집중시켜보자. 포기한다고 말하기 전에 최선을 다해보자. 그러면 반드시 충분한 인내심과 노력의 대가를 받을 수 있을 것이다. 플라톤도 강조하지 않았는가! 천재란 단지 남들보다 강한 인내심을 가지고 있는 것뿐이다.

지금은 열세에 몰려있을지 몰라도 끝까지 싸우다보면 상대방의 약점도 보이게 될 것이고 그러면 승리할 수도 있다. 기억하라, 늘 끝까지 도전하는 사람만이 성공의 기회가 주어진다!

비즈니스 할 때도 인내심이 필요하다. 우리는 종종 성과에 급급한 나머지 아주 짧은 시간 내에 계약을 체결하려고만 할 뿐, 침착하게 앉아 꼼꼼하게 상황을 포괄적으로 고려하는 데는 소홀하다. 인내심이 부족해서 이렇게 '빨리빨리'만 외쳐대면 어떤 결과를 맞이할까? 아마 모든 혜택은 차분히 기다릴 줄 아는 라이벌에게만 돌아가게 될 것이다.

프랭클린은 "인내심이 있으면 모든 일이 순조롭게 풀리기 마련이다."라고 했다. 참고 견디려면 이상향과 목표에 올인 할 수 있는 남다른 용기와 불굴의 정신이 필요하다. 여기서 말하는 인내심이란 수동적이 아니라 능동적으로 자신의 운명을 이끌어나가는 적극적인 파워를 가리킨다.

흔들림 없이 꾹 참고 견딜 수 있는 굳은 결심이 있어야 어떤 어려움도 극복할 수 있다. 굳은 결심이 있으면 다른 사람들도 그 사람의 모든 것에 전적으로 신뢰를 보낼 것이다. 또, 언제나 다른 사람이 도와주려 할 것이다. 반대로, 한 가지 일에 집중하지 못하며 인내심과 의지도 약한 사람은 아무도 믿고 따르려 하지 않을 것이다. 누구든지 이 사람이 하는 일하는 자세나 방법은 믿을만하지 못하다고 생각하기 때문에 늘 실패할 위험에 노출되어 있다.

아직도 많은 사람들이 성공하지 못하고 있는 원인은 능력이 부족하고 성실하지 않아서, 혹은 성공에 대한 열망이 없기 때문이 아니라 끈기와 인내심이 부족하기 때문이다. 이런 사람들은 처음에는 거창하게 시작하나 흐지부지 끝내버리기 십상이며, 수동적으로 대처하기만 하다가 대충 매듭지어버리는 경우도 허다하다. 늘 우유부단하여 자신이 하고 있는 일이나 사업에 확신을 갖지 못한다. 어떤 직업을 선택했다가도 시간이 조금 지나면 다른 직업이 더 좋게 보이고, 한동안 자신감 백배였다가도 곧 풀이 죽어서 지내곤 한다. 이런 사람들은 단기간에는 어느 정도 성공의 기미를 보일지 몰라도 인생이라는 전체 여정을 두고 보면 결국은 남는 것 없이 끝나버리고 만다. 주저하고 우물쭈물하지 않은 사람이 되어야 성공할 수 있다.

그러므로 성공하기 위한 가장 중요한 전제조건이 두 가지 있다면 바로 끈기와 인내라고 할 수 있겠다. 의지가 굳은 사람도 난관에 봉착하고 좌절을 겪을 때가 있겠지만, 설사 실패 좀 했다고 해서 그대로 쓰러지거나 무너지지는 않을 것이다. "그 사람 아직도 그렇게 열심이야?" 이렇게 안부를 묻는 사람이 있다면 아마 그건 "그 사람 아직 포기하지 않은 거지?"라는 뜻일 것이다.

일의 성공 여부는 그 일을 하는 사람이 인내심을 가지고 있느냐 없느냐, 스타트가 좋았듯 끝맺음도 훌륭했느냐에 달려있다.

만약 중간에 그만두고 만다면 지금까지 우리가 쏟아 부은 모든 노력은 한순간에 물거품으로 변해버릴 것이다. 온갖 시련과 고통을 견디어낼 수 있는 사람만이 최후의 승리자로 남을 수 있다. 그러므로 마침표를 찍기 전엔 절대 쉽게 포기하지 말자. 계속 노력해야만 마지막에 웃는 사람이 될 수 있다!

마라톤을 떠올려보자. 맨 처음 출발할 때는 모든 사람들이 함께 달리지만 어느 정도 달리고 나면 그 수가 점점 줄어든다. 끝까지 견디지 못해서 낙오자로 전락하는 사람들이 많기 때문이다. 출발선에서 멀어지면 멀어질수록 달리는 사람들은 점점 줄어들기 마련이며 쓰러질 것 같은 고비를 넘기고 완주하는 사람은 더더욱 적을 수밖에 없다. 다시 말해, 목에 영광의 메달을 걸 수 있는 사람은 최후의 순간까지 버틸 수 있는 몇 명 중에서 탄생하는 것이다.

그러므로 마라톤이란 속도가 얼마나 빠른지를 다투는 시합이라기보다는 누가 최후의 순간까지 버틸 수 있는지 인내력을 겨루는 시합이라고 하는 편이 더 정확하겠다. 성공도 마찬가지다. 마지막 순간을 견뎌낼 수 있는 사람은 승리할 수 있지만, 중도에 기권하고 나가버리는 사람은 영원히 승리할 수 없음을 기억하자.

어느 중견 기업에서 신입 사원을 모집했다. 응시원서를 대충 한 번 훑어본 인사부장은 서류전형을 합격한 지원자들에게 "엘리베이터가 고장 났으니 사옥 32층까지 걸어 올라가야 한다."고 둘러댔다. 수십 명의 사람들 중 일부는 아예 1층에서 엘리베이터를 고칠 때까지 기다리겠다며 일찌감치 포기했고 나머지 사람들은 계단을 절반쯤 올라갔을 때 포기를 선언했다. 결국 수십 명의 지원자 중 겨우 몇 명만 군소리 없이 땀을 뻘뻘 흘리며 끝까지 올라갔다.

부장은 도대체 무슨 목적이 있었던 것일까? 32층에 다다르자 드디어 오랜 시간 굳게 다물고 있던 입을 열었다.

"축하합니다. 여러분은 우리 회사의 입사시험을 무사히 통과하셨습니다."

결국 남아있는 사람들은 '입사'라는 축하의 메시지를 들을 수 있었다.

계단 오르기는 지원자들이 인내심이 있는지 알아보기에 더할 나위 없이 적합한 테스트였다. 몇 층을 오르기도 전에 그만두겠다는 사람은 이유야 어찌되었든 우수한 직원이 되기엔 애당초 글렀기 때문이다. 직종마다 여러 고충이 있겠지만 그 중에서도 판매원과 일반 사무직이 특히 좌절하기 쉽고 업무 내용도 싫증나기 딱 좋다. 그래서 하루 종일 바쁘게 움직이지만 그다지 큰 성과를 내지 못하는 경우가 허다하다. 한번 실패나 좌절을 경험하면 자신이 추구하는 것을 쉽게 포기해버리는 자신 탓이 크다.

인생의 가장 큰 수확은 여러 번 실패하더라도 계속 도전할 수 있는 용기를 얻는 것이다. 이제 가장 큰 성공의 비결이란 끝까지 포기하지 않는 정신이라는 것을 깨달았을 것이다. 그렇다면 포기하지 않는 정신은 어디에서 오는가? 바로 인내심이다. 고로 우리는 반드시 성공을 향한 긴 여정을 꼭 완주할 수 있을 것이라는 믿음과 사소한 실패쯤은 두려워하지 않는 마인드를 가져야 한다. 힘들 때 노력과 끈기, 인내심으로 모든 상황을 극복할 수 있는 사람에게는 성공이 반드시 찾아올 것이다.

✒ 실천을 위한 조언

인생이라는 여행에서 실패할 수도 있고 때로는 주저할 때, 방황할 때도 있을 것이다. 그러나 이 점만은 기억하자. 자신의 능력을 믿어야 한다는 것이다. 꿈은 늘 우리 가까이에 있다. 손을 뻗어 만질 수 있느냐는 바로 당신이 인내심이 있는가, 끝까지 참고 견딜 수 있는가에 달려 있다.

05

목표를 달성하려면
한결같아야 한다

어려운 일에 봉착했거나 실패했다고 해서 쉽게 포기하지 말자. 성공하려
면 한결같은 끈기가 있어야 한다! 성공을 좇는 사람이라면 더 나은 생활,
더 높은 지위, 더 큰 성취를 위해 초지일관하는 자세를 유지해야 한다.

어떤 선생님이 강단에서 성공
의 비결에 대해 말씀하시면서, 무슨 일을 하든 끈기와 인내, 집중력이
있어야만 성공한다고 거듭 강조하셨다. 이 진리를 구체적으로 설명하
기 위해서 선생님은 학생 한 명을 강단으로 올라오게 한 다음, 양손에
분필을 하나씩 들고 오른손으로 네모를 그리면서 왼손으로는 동그라
미를 그리라고 시키셨다. 그런데 학생은 동그라미도 아니요, 네모도
아닌 이상한 모양이었다. 선생님께서 말씀하셨다.

"이 두 개의 도형은 동그라미도, 네모도 닮지 않았군요. 이유가 뭘까
요? 마음을 한곳에 집중시키지 않았기 때문입니다. 두 마리 토끼를 잡
으려다 모두 놓치게 된 겁니다. 사람이 동시에 두 가지 목표를 좇을 때

도 마찬가지입니다. 둘 다 욕심내면 결국에는 어느 한쪽도 이루어지지 않는 법이지요.” 최종 목표에 도달하고자 한다면 한 번에 하나의 목표를 골라 포기하지 말고 악착같이 매달려야 한다. 그러면 제아무리 높은 나무일지라도 달콤한 성공의 열매를 맺게 해줄 것이다. 이것이 바로 이 이야기가 우리에게 들려주는 교훈이다.

다음은 일본에서 거의 천 년 동안 전해져 내려오고 있는 이야기이다. 옛날에 ‘바보’와 ‘얌체’라는 어부가 살았는데, 두 사람 모두 언젠가 부자가 되겠다는 꿈을 갖고 있었다. 그러던 어느 날 밤, 바보는 신기한 꿈을 꾸었다. 누군가가 “바다건너 섬에 있는 절에 가면 불상화 마흔두 그루가 있는데 그 중 붉은 꽃이 아래를 파보면 황금이 나올 것이다.”라고 알려주는 기이한 꿈이었다. 바보는 부푼 가슴을 안고 섬으로 갔다. 과연 꿈속에서 보았던 그대로였고 봄을 맞은 마흔두 그루의 불상화도 모두 활짝 피어있었다. 그런데 하나같이 옅은 노란색이었을 뿐 눈을 씻고 찾아봐도 붉은 꽃은 없었다. 바보는 크게 실망한 나머지 풀이 죽어서 되돌아왔다. 이 소식을 전해들은 얌체 역시 섬에 가보았다. 그는 다음 해 봄이 올 때를 기다리며 계속 섬에 머물기로 했다. 과연 봄바람이 살랑살랑 불어오자 불상화가 만개하기 시작했고 그 중 한 그루에서 더없이 아름다운 붉은 꽃이 피었다. 흥분한 얌체가 꽃 아래 흙을 땅을 파보았더니 정말 황금이 한 아름이나 들어 있었다. 황금을 잔뜩 가지고 집으로 돌아간 얌체는 그 후 마을에서 제일가는 부자가 되었다고 한다.

얌체는 어떻게 바보가 이루지 못한 꿈을 이룰 수 있었던 것일까? 바보와 달리 얌체에게는 끈기와 끝까지 포기하지 않고 기다리려는 마음이 있었기 때문이다.

세일즈 왕 신화를 창조한 보험 설계사가 있었다. 그가 은퇴하게 되었을 때 비법을 알려달라는 보험업협회와 사회 각계각층의 요청이 끊이질 않았다. 그래서 그는 시내에서 가장 큰 체육관에서 은퇴 전 마지막 연설을 하기로 했다.

연설 당일 날, 체육관은 발 디딜 틈이 없을 만큼 많은 사람으로 가득 찼다. 사람들은 모두 열의에 차서 호기심 가득한 눈으로 당대 최고의 세일즈 왕의 훌륭한 고별 연설이 시작되기만을 기다렸다. 잠시 후, 막이 서서히 오르기 시작했다. 그런데 정작 무대에 모습을 드러낸 것은 그가 아니라 거대한 강철공이 매달려있는 크고 높은 철근 구조물이었다.

그리고 잠시 후 세일즈 왕이 청중들의 열렬한 박수를 받으며 무대로 나왔다.

무대 아래 사람들은 놀랍고 신기한 얼굴로 그를 바라보고 있었다. 그가 어떤 동작을 취할지 모두들 궁금해 하는 눈치였다. 이때 남자 두 명이 무대 앞쪽으로 커다란 쇠망치를 가져와 세일즈 왕 앞에 가져다 놓았다. 사회자가 청중들을 향해 건장한 사람 몇 명만 좀 무대로 올라와 달라고 부탁했고, 이에 많은 젊은이들이 손을 들었다. 사회자는 그중에서 동작이 가장 빨랐던 두 명에게 무대 위로 올라와달라고 요청했다.

세일즈 왕은 두 청년에게 규칙을 알려주었다. 규칙은 의외로 간단했다. 철근 구조물에 매달려있는 강철공이 움직일 때까지 커다란 쇠망치로 내려치기만 하면 되는 것이었다.

두 사람 중 한 명이 얼른 쇠망치를 낚아채듯 집어 들더니 젖 먹던 힘까지 써서 빠르고 힘차게 강철공이 부서져라 쇠망치를 휘둘렀다. 귀를 울리는 큰 소리가 나기는 했지만 강철공은 조금도 움직이지 않았다.

그 청년은 숨이 찰 때까지 연신 쇠망치를 휘둘러댔지만 결국 얼마 못가서 지쳐 포기하고 말았다.

나머지 한 사람도 이에 질 세라 쇠망치를 받아들고는 강철공을 세게 내리쳤다. 그런데 이게 웬일인가! 이번에도 강철공은 꿈쩍도 하지 않았다.

무대에서 벌어지는 일을 지켜보고 있던 사람들은 할 말을 잃었다. 이젠 모두가 강철공은 절대 움직이지 않을 것이라고 확신하는 듯했다. 그 대신 이제는 세일즈 왕이 무어라 설명을 해주길 바라는 눈치였다.

이윽고 세일즈 왕이 상의 주머니에서 작은 망치를 하나 꺼냈다. 그리고는 강철공을 '땅' 하고 내리쳤다. 잠깐 쉬었다가 이내 다시 '땅' 하고 내리쳤다. 사람들은 이상하다는 듯이 그가 끊임없이 망치를 휘둘렀다가 쉬기를 반복하는 모습을 지켜보았다.

10분이 흐르고, 20분이 흘렀다. 사람들이 서서히 술렁이기 시작했다. 지금 자신들의 눈앞에서 벌어지고 있는 상황에 불만을 토로하는 사람들이 하나 둘씩 생기기 시작했다. 그래도 세일즈 왕은 마치 무대 아래 사람들의 불평, 불만은 전혀 들리지 않는다는 듯이 작은 망치로 강철공을 계속 내려치기만 하고 있었다. 이미 많은 사람들이 화를 내며 돌아갔기 때문에 빈자리가 꽤 눈에 띄었다. 남은 사람들은 이러쿵저러쿵 불평하다가 지친 모양이었다. 체육관은 이내 다시 안정을 되찾아갔다.

40분쯤 지났을까? 앞좌석에 앉아 있던 여성이 소리쳤다.

"움직여요!"

삽시간에 체육관 전체가 술렁이기 시작했다. 사람들은 무대 위의 강철공 쪽으로 시선을 집중했다. 너무 작은 각도로 흔들렸기 때문에 하마터면 움직이는지 발견하지 못할 뻔했다. 세일즈 왕은 계속해서 강철공을 때렸다. 그러자 매달려있던 강철공은 점점 더 큰 소리를 내며 더 큰 각도로 흔들리기 시작했다. 강철공을 매달아놓은 구조물에서도 덩달아 덜컹덜컹하는 소리가 났다. 이 거대한 위력은 남아있던 모든 사람들을 전율에 휩싸이게 만들었다. 바로 이때 세일즈 왕 폴 J. 마이어가 입을 열었다. 그의 은퇴 연설은 아주 짧았다.

"만약 성공이 찾아올 때까지 기다릴만한 인내심이 없다면 절대로 성공하지 못할 것입니다."

그렇다! 성공하고 싶다면 끈기와 인내심을 가지고 기다릴 줄 알아야 하는 것이다.

"나는 집집마다 컴퓨터를 한 대씩 갖도록 만들 거예요!"

이런 목표를 가지고 끊임없이 노력한 덕에 빌 게이츠도 세계 최고의 갑부가 될 수 있지 않았는가!

목표를 세웠으면 성실하고 꾸준하게 노력해보자. 너무 조급해하지 말고, 설사 도중에 좌절하더라도 포기하지 말자. "성공을 방해하는 가장 큰 장애물은 바로 포기이다."라는 말이 있다. 인생이란 마치 계단을 오르는 것과 같다. 한 계단 한 계단씩 밟아 올라가는 전략을 써야지, 그 어떤 얕은 수도 통하지 않는다. 꾸준히 한 계단 한 계단씩 오르다 보면 언젠가 산 정상에서 굽어보게 될 날이 올 것이다!

✒ 실천을 위한 조언

목표를 실현하는 과정에는 숱한 고난과 좌절이 따르게 마련이다. 만약 고난을 이겨낼 인내심과 목표에 도달하기 전에는 절대 멈추지 않겠다는 불굴의 도전정신만 있다면, 당신의 인생에서 성공의 열매를 맺게 될 날이 반드시 올 것이다.

The Power of Purpose 나를 이끄는 목적의 힘

나는 오랫동안 명상한 결과 다음과 같은 확신을 스스로 얻게 되었다.
확고한 목표를 지닌 인간은 그것을 반드시 성취하고자 하는 그의 의지를 꺾을 만한 것은
아무것도 없다. -디즈레일리

제4장

목적을 위반하는 핑계는 없다

웨스트포인트 West Point 미국 육군 사관학교에는 "변명이란 통하지 않는다."는 행동원칙이 있다.

모든 사관생도들에게 갖가지 방법을 동원해 맡은 바 임무를 완수할 것을 요구한다. 완수하지 못했을 때는 그 어떤 변명도 통하지 않는다. 정당한 이유처럼 들릴지라도 말이다. 목적은 단 하나, 목표를 실현하기 전엔 결코 쉬지 않는 강인한 의지를 기르기 위해서다. 웨스트포인트는 생도들이 "임무 완수에는 어떤 변명도 통하지 않는다. 실패는 물론이고 인생 역시 그렇다."는 원칙을 깨닫도록 하려는 것이다.

핑계를 대지 말자! 우리가 필요한 사람은 끝까지 맡은 일을 완수하고야 말겠다는 사람이지, 실패에 대한 핑계만 늘어놓는 사람이 아니다.

핑계는
일을 지연시키는 화근이다

맡은 일을 지체시키는 것은 게으름 때문이며, 핑계는 게으름을 눈감아주는 행위이다. 지체, 게으름, 핑계는 서로 복잡하게 얽혀 우리 삶에 큰 영향을 끼친다. 그러므로 오늘 할 일을 내일로 미루지 않는 사람은 발전할 수 있겠지만, 그렇지 않은 사람은 나중에 후회하다가 사회의 낙오자로 전락하고 말 것이다.

일상생활 속에서 혹은 일하다 보면 종종 게으른 자아의 이런 저런 핑계를 들을 것이다. 게으른 자아는 우리의 귓가에 대고 우리가 왜 그 일을 하지 못했는지, 왜 망칠 수밖에 없었는지 소곤소곤 이유를 말해준다. 이때 유혹에 넘어가면 이런 핑계로 자신을 위로하며 편안해질 궁리만 하게 된다. 핑계는 마치 '이성의 목소리'이자 '합리적인 변명'인 것처럼 들린다. 일을 망쳤을 때, 혹은 완수하지 못했을 때 수만 가지 이유가 우리를 기다리고 있다. 그러나 사실 핑계란 자신의 약점을 덮어 감추고 책임을 전가하기 위한 '방패막이'에 불과하다. 이로 인한 가장 직접적인 폐해는 바로 자꾸만 미루는 나쁜 습관이 생긴다는 것이다. 어느 회사의 직원들이나 다들 바쁘게 일하는 것 같지만, 막상 자세히 살펴보면 하루에 끝내야 하는 일을 이틀, 심지어는 며칠씩 걸려 완성하는 사람들이 꼭 있다. 이들은 일을 적게 하기 위해서 다양한 핑계를 찾으며 도피할 궁리만 할 것이다.

그런데 이상한 것은 늘 힘들다는 말을 입에 달고 다니며 남에게 미루기 좋아하는 이들이 헬스클럽, 술집 혹은 쇼핑센터에는 몇 시간 동안 있어도 전혀 피곤한 내색을 하지 않는다는 것이다. "내일 출근 안 했으면 좋겠다!"라고 말하며 헬스클럽, 술집, 쇼핑센터에서 돌아올 때면 업무 스트레스는 점점 커지기만 한다. 이는 모두 게으름 탓이다. 충분히 쉬고 나서도 막상 일을 시작하면 일이 너무 많다, 너무 어렵다, 일손이 부족하다, 컴퓨터가 고장 났다는 등 하기 싫은 이유를 하염없이 늘어놓는다. 어디서 이렇게 많은 핑계가 쏟아져 나오는지 신기할 정도로 말이다. 이렇게 하루 이틀 악순환이 반복되다 보면 일하는 데 소요되는 시간이 점점 늘어나 결국에는 자신만 힘들어지고 지치면서 욕을 먹게 되는 것이다.

아무리 책임을 회피하려 해도 자신이 맡은 일은 결국 해야 하는 법이다. 미루는 것은 사람을 지치게 만들 뿐, 데드라인이 다가오면서 스트레스만 더 쌓인다. 그럴수록 더 힘들어지고 점점 더 일하기 싫어진다.

핑계는 일을 지연시키는 화근이다. 핑계 만들기 전문가들은 무슨 일이든 내일이 되어서야 완성한다. 이는 곧 타의에 의해 일하는, 일종의 의지력 결함 현상이다. 오늘날 대다수의 사람들이 알면서도 못 고치는 부분이기도 하다. 이들의 게으름은 다양한 방식으로 나타나며 정도도 제각각이다.

　예를 들면 최선을 다해 일하는 법이 없고 늘 타의에 의해 마지못해 움직인다. 계획은 있으되 실천이 따르지 않는다. 실천해야 할 때는 계속 쉬려고만 하고 하염없이 미룬다. 고치겠다고 마음은 먹었지만 여전히 그대로이고, 늘 꼼지락거려 효율이 현저히 낮을 수밖에 없다. 문제가 생기면 계속 해결을 미루기만 하고 어떤 일에도 흥미나 욕심을 보이지 않는다. 결국은 게으름이 사람을 불만으로 밀어 넣고 상황을 개선하지도 못하게 만들어 어쩔 수 없이 지루한 하루하루를 살도록 하는 것이다. 이들은 늘 현실을 도피하려고만 하고 의기소침하며 창피함과 죄책감에 시달린다. 게을러지는 것은 의지가 약하고 현실을 직시하지 못하여 두려운 나머지 회피하려고만 하기 때문이다. 다시 말해 자기를 제어할 수 있는 의지가 없기 때문인 것이다. 목표는 너무 많은데 어디서부터 시작해야 할지 몰라서, 즉 계획성이나 체계성이 결여되어 있기 때문에 이런 증상이 나타날 수도 있다. 목표가 아예 없는 경우에도 게을러질 수 있다. 나태한 사람들은 종종 게으름 때문에 효율이 저하되고, 이 때문에 기분이 나빠져서 결국 실패하는 악순환에 빠진다. 이 문제로 고민하고 자책하며 후회한다. 그러면서도 악순환의 고리를 끊지 못해 끝내는 건강까지 해치게 된다.

　모든 핑계 속에는 다양한 뜻이 숨겨져 있다. 다만, 민망해서 말로 표현하지 못하거나 말하기 꺼려하는 것일 뿐이다. 핑계가 사람을 책임에서 벗어나게 하고 심리적인 위로를 받게 할 수 있을지 모르나 그 대가는 실로 어마어마하다. 나태는 개인의 발전을 가로막고 책임감을 느끼지 못하게 만들며 사회에서 도태되도록 만드는 등 그 어떤 나쁜 습관보다 더 큰 대가를 치르게 마련이다.

습관적으로 일을 미루는 사람은 둘러대기를 좋아한다. 고의적으로 도피하거나 미루려 하면 할수록 '할 수 없는 이유'는 수만 가지나 찾아낼 수 있겠지만, 반대로 '해야만 하는 이유'는 몇 개 떠오르지 않는다. 그래서 미루기 좋아하는 사람들은 '너무 어려워서, 시간이 많이 걸려서' 라는 핑계로 자기 합리화하여 일을 완수하지 못하고 마는 것이다. 만약 당신이 책임 회피를 위해 핑계를 대거나 갖가지 이유로 계획대로 처리하지 못해 변명을 일삼는 사람이라면 깊이 반성해야 한다. 아울러 무의미한 변명만 늘어놓은 것은 소모적인 일일 뿐이라는 것도 알아야 한다.

미루는 것은 우리의 생명을 낭비하는 행위이다. 무슨 일을 하든 밥 먹듯이 미루는 사람이 있다면 하루 일과를 한 번 기록해보자. 지체되는 시간들이 당신의 소중한 생명을 갉아먹고 있다는 놀라운 사실을 발견하게 될 것이다.

일부 사람들은 과감하게 게으름과의 싸움에서 승리하여 자신이 직면한 도전 과제에 자발적으로 맞서지만 일부는 게으름에 패배하여 어찌할 줄 모르다가 일분일초씩 시간을 낭비해버린다.

미루는 것은 사실상 책임을 회피하는 것이다. 핑계 대는 것이 습관이 돼버리면 '잘못'을 저지르고도 당연한 것이라 생각하게 된다. 이러한 '정신적 마취제'는 꾸물거려서 자꾸만 효율이 떨어지게 만들어 심지어 당신을 소극적이고 아무 일도 못하는 사람으로 전락시킬 것이다.

이밖에 많은 심리적인 문제를 야기할 수 있다. 좌절을 딛고 일어설 능력이나 목표를 실현하려는 의지가 약화될 것이며 종종 조급함과 우울증, 죄책감에 시달리게 될 것이다.

사람은 누구나 이상과 계획을 가지고 있다. 성공하려면 핑계를 찾을 것이 아니라 반드시 신속하게 움직여야 한다. 그래야만 큰 성취를 이룰 수 있다. 많은 이들이 계획은 잘 세우지만 발 빠르게 움직이지 못하고 핑계만 찾다가 시간이 지나면서 처음의 열정도 식어버려 결국 계획대로 실행에 옮기지 못한다.

오늘 하지 않고 미뤄서 며칠 동안 불편한 마음으로 지내느니 오늘 당장 해버리는 게 훨씬 낫지 않을까? 오늘 할 일을 내일로 미루면 그만큼 소모적이라는 사실을 기억해두자. 어떤 일들은 하겠다고 했을 때 바로 착수해야 신나고 효과적으로 완성할 수 있다. 며칠씩 미루다 보면 재미없어지고 귀찮아지기만 한다. 편지나 이메일이 가장 대표적인 예이다. 다른 사람의 이메일을 받았을 때 바로 답장을 보내는 것은 쉽지만 하루 이틀 미루다 보면 회신하기 점점 어려워진다. 그렇기 때문에 많은 기업들이 모든 비즈니스 서신은 반드시 당일 회신하도록 규정하고 있다. 자신의 목표를 이루고 싶다면 핑계를 찾을 것이 아니라 즉시 행동에 옮겨야 한다. 이것이야말로 성공으로 가는 지름길이다.

✒ 실천을 위한 조언

미루는 행동은 삶에 해가 된다. 중국의 유명한 사상가이자 문학가였던 노신魯迅 선생은 "타인의 시간을 지체하는 것은 재물을 빼앗고 생명에 해를 끼치는 것과 같다."라고 말했다. 그렇다면 자신의 시간을 낭비하는 것은 스스로를 조금씩 죽음으로 몰아가는 것이 아니겠는가!

02

핑계는
겁쟁이나 하는 짓이다

사람들이 습관적으로 핑계를 찾는 이유 중에서 3분의 1은 자신을 속이기 위함이고, 나머지 3분의 2는 현실을 도피하기 위해서이다.

자신을 합리화 하는 방법으로 구차한 변명을 늘어놓은 경험이 한번쯤은 있을 것이다. 일반적으로 핑계를 잘하는 사람의 유형은 다음과 같다.

1) 어려움과 책임에서 벗어나려는 사람

미루기 좋아하는 사람은 현실 도피가 생활 속의 어려움을 해결하고 책임을 다하는 것보다 훨씬 쉽다고 생각한다.

2) 완벽주의자

완벽주의자는 자신과 자신이 하는 일에 항상 비현실적인 잣대를 들이대고 불가능한 요구를 한다. 완벽이란 사실상 실현 불가능한 목표이기 때문에 완벽을 추구하는 사람들은 종종 맡은 일을 지체시킨다.

3) 자신감이 부족하다는 사실을 감추려는 사람

평계 대기 좋아하는 사람은 보통 지금 할 수 있는 일도 꼭 막판에 가서야 하는데 이는 자신뿐 아니라 남까지 속이는 아주 흔한 방법이다. 시간에 쫓기다 보니 일을 만족스럽게 끝낼 리 만무하며 심지어는 엉망으로 끝내기도 한다. 그러고는 '시간이 부족했기 때문이지, 내 능력이 부족해서가 아니야.'라며 스스로를 위로하는 것이다.

이런 사람들은 다른 이들에 대해 이러쿵저러쿵 말하길 좋아한다. 타인의 결함이나 잘못을 확대함으로써 무능력한 자신의 약점을 감출 수 있기 때문이다.

4) 의지가 없는 사람

일을 맡을 때마다 당장 할 수 있는 일부터 하는 것이 아니라, 일단 나중으로 미루고 본다. 그래야만 당장 행동할 필요가 없어지고, 진짜 포기한 게 아니라며 자기 위안을 삼을 수 있기 때문이다. 하지만 그런 변명은 무의미하다. 자신은 의지가 없는 사람이라는 것을 보여줄 뿐, 결국 아무 일도 이루지 못한다.

성공을 갈망하는 사람에게 할 일을 미루는 것은 가장 파괴적이고 위험한 습관이다. 진취적인 마음을 쉽게 잃게 되기 때문이다. 한 번 미루기 시작하면 다음에는 미루기가 더 쉬워지고 결국 고치기 힘든 습관이 되어버린다. 고칠 수 있는 유일한 방법은 행동하는 것이다. 잘못된 것을 바로잡고자 행동한다면 놀랄 만큼 빠르게 변하는 자신을 발견할 수 있을 것이다.

미국의 성공학 대가 맥스웰 몰츠Maxwell Maltz 박사는 "만약 당신이 신발 끈을 묶는 능력이 있다면, 하늘의 별을 딸 수 있는 기회를 얻은 것이다!"라고 말했다. 삶을 대하는 태도는 곧 그 사람이 일을 잘할 수 있는지를 결정하는 키워드이다. 우선 자신의 마인드를 바꾸는 것이 가장 중요하다! 많은 사람들이 이런저런 변명을 늘어놓으며 벗어나려고만 하다 이런 태도가 결국 습관이 되어버리는데, 이는 상당히 위험하다.

회사에 지각을 하면"차가 막혔어.", "시계가 멈춰서 그만…" 등의 핑계를 대고, 장사가 안 될 때는 또 그럴 만한 이유가 있다고들 말한다. 일이나 공부가 뒤처질 때 역시 나름의 사정을 늘어놓는다. 하지만 사실 이런 변명들은 지어내려고만 하면 얼마든지 지어낼 수 있지 않은가?

다음은 주변에서 흔히 들을 수 있는 핑계 유형을 살펴보자.

1) "제 의견이 반영되지 않았으니 제 책임이 아닙니다."

➡ 책임지기 싫다는 의미

2) "이번 주 내내 많이 피곤했어요. 그래도 최대한 빨리 해볼게요."

➡ 미루겠다는 의미

3) "한 번도 이렇게 해본 적이 없습니다." 혹은 "이쪽에서 일하는 스타일이 아닌데요." ➡ 창의력은 눈곱만큼도 없다는 의미

4) "이런 일을 하기 전에 어떤 연수도 받아본 적이 없는데요."

➡ 일에 맞지 않고, 책임감이 결여된 사람이란 의미

5) "우린 경쟁상대를 따라잡겠다는 생각을 해본 적이 없어요. 그들이 많은 부분에서 우리보다 훨씬 앞서있기 때문이죠."

➡ 비관적인 태도의 의미

변명이란 무책임한 행위인 동시에 스스로 겁쟁이라고 인정하는 것이다. 특히 지식을 탐구하고 자아를 형성해가는 중요한 시기인 젊은 시절에는 그럴싸한 말로 빠져나갈 궁리를 할 것이 아니라 경험을 쌓고

행동으로 직접 보여줘야 한다. 설령 어려운 문제에 직면하더라도 냉정함을 유지하고 의연하게 대처해야 한다.

책임감과 핑계 중에서 어떤 것을 선택하느냐는 그 사람의 일하는 자세를 보여준다. 부정적인 사물은 언제나 긍정적인 사물을 방해한다. 우리가 무거운 물건을 들어 올리려 할 때 중력이 그 반대로 작용하는 것과 같은 이치이다. 우리는 일하면서 마주치는 각종 어려움과 좌절 앞에서 꿋꿋하게 전진할 것인가 아니면 벗어날 핑계만 찾을 것인가? 이에 대한 대답은 개인의 성공과 실패를 결정하는 핵심이다.

스스로 해결할 수 없는 문제에 봉착하면 누구나 몹시 괴롭게 마련이다. 이럴 때마다 적용해볼 수 있는 간단한 원칙이 있다. 바로 '절대로 포기하지 말라, 절대로 핑계 댈 생각은 꿈도 꾸지 말라'는 것이다.

물새와 개구리가 등장하는 옛날 만화가 있다. 이 만화에는 무시무시하게 생긴 물새가 청개구리를 잡아먹는 장면이 나온다. 물새가 이미 청개구리의 머리와 몸통까지 삼킨 터라 겨우 뒷다리만 허공에 붕 떠있었다. 그런데 바로 이때 놀라운 일이 일어났다. 청개구리가 앞다리를 물새의 입속에서 꺼낸 다음, 돌연 죽을힘을 다해 물새의 가늘고 긴 목을 조르기 시작했던 것이다. 이 만화가 시사하는 바는 무엇일까? 바로 어떤 상황에서도 포기할 궁리를 하지 말라는 것이었다.

목표와 이상을 가진 사람들이 처음에는 열심히 일하고 노력하지만 너무 힘든 나머지 중도에 포기하고 마는 안타까운 사례를 종종 볼 것이다. 하지만 이들은 나중에야 '그때 조금만 참았더라면, 조금 더 멀리 내다봤다면 성과를 낼 수 있었을 텐데…….'라며 후회할 뿐이다. 그러니 절대로 절망하거나 포기하지 말자. 절망스러운 상황에서도 희망을 찾아야 한다는 사실을 꼭 기억하자!

핑계를 대는 버릇이 있는 사람은 성실하게 일하지 않기 때문에 사람들에게 무시를 당할 수 있다. 심지어는 인격마저 무시당할 수 있다. 일이란 삶의 일부분이기 때문에 일을 대충 한다는 것은 삶을 무의미하게 산다는 것과 같다. 알다시피 일을 대충 하면 업무 효율이 떨어질 뿐만 아니라 능력 또한 퇴화된다.

하루 종일 어떤 핑계를 댈까 궁리하는 시간과 노력 중 딱 반만 일하는 데 쓰더라도 충분히 큰 성과를 볼 수 있을 것이다.

🖋 실천을 위한 조언

핑계는 뚜렷한 삶의 목표가 없는 사람이 하는 짓이다. 결코 자신을 위한 위안이나 방패가 될 수 없다. 핑계를 찾는 나쁜 습관을 과감히 버려야만 비로소 문제 해결 능력을 키울 수 있다. 현재 내 모습이 긍정적인 사고방식의 소유자인지, 아니면 부정적이고 주어진 일에 최선을 다하기 보다는 잘못을 위한 변명과 핑계만을 찾는 사람인지 깊이 생각해 보자.

03

핑계가 아닌
실천의 방법을 찾자

좋은 방법은 성공의 지름길이지만 핑계는 성공을 가로막는 높고 험준한 산일 뿐이다. 실패했다고 핑계를 찾을 것이 아니라 다시 열심히 성공하기 위한 효과적인 방법을 찾아야 한다.

개인 작업이든 팀 작업이든 이런 저런 문제에 부딪치는 것을 피할 수는 없다. 이런 상황에서 어떻게 해야 할까? 성공한 사람들은 이럴 때 핑계를 대면서 책임을 회피할 생각을 하기는커녕 문제 해결책을 찾아 나섰다.

영국의 사회학자 닉 스티븐슨Nick Stevenson은 어릴 때 공부하기를 매우 싫어해서 시험만 봤다하면 점수가 'C'학점이었다. 그렇다 보니 매번 시험이 끝나면 문제가 어려웠다, 좋은 문제가 아니었다, 혹은 선생님이 점수를 잘못 매기셨다는 등 갖가지 이유를 늘어놓기 바빴다.

닉이 또 나쁜 시험성적에 대한 변명을 둘러대기 시작할 때였다. 닉의 어머니가 그의 말이 채 끝나기도 전에 "다시는 변명하지 말거라. 이번에 성적이 나빴던 것은 열심히 공부하지 않았을 뿐 아니라 복습방법이 잘못되었기 때문이야. 열심히 공부했다면 성적이 나쁠 리도 없고, 그랬으면 변명할 필요는 더더욱 없었겠지.”라고 단호하게 말씀하셨다.

어머니의 말씀이 닉의 마음을 울렸다. 그다음부터 닉은 다시는 나쁜 성적 때문에 변명하지 않는 대신 자신에게 어떤 문제가 있는지 열심히 원인을 찾아내고 자신에게 맞는 학습방법을 연구하기 시작했다. 그 후, 닉은 우수한 성적을 얻게 되었을 뿐 아니라 ‘핑계가 아닌 방법을 찾자’는 신조를 자신의 모든 생활에 적용하여 성공 인사의 반열에 오르게 되었다.

많은 사람들이 어린 시절의 닉처럼 자신을 위한 핑계를 찾기에 바쁘다. 마치 실패가 너무 당연한 것처럼, 자신은 아무런 잘못이 없다는 듯 이야기한다. 이는 매우 무책임한 삶의 태도이다. 가슴에 손을 얹고 스스로에게 물어보자. ‘나는 최선을 다했는가? 불리한 여건을 딛고 끝까지 노력했는가?’ 실패했을 때는 변명이 아닌 실패한 원인을 찾아보고 반성해야 한다. 변명을 할수록 성공에서 멀어질 뿐 아무런 의미가 없기 때문이다.

홍콩 모 기업의 이사장은 젊었을 때 단돈 30달러를 들고 홍콩에 왔다고 한다. 그럼에도 불구하고 노점상에서부터 시작해 훗날 두 개 기업의 훌륭한 소유주가 되었다.

자신의 성공 신화를 이야기하면서 그는 “이렇게 발전하게 된 것은 무슨 일을 하든 적절한 해결책을 찾으려 노력했기 때문입니다. 저의 모델은 바로 아시아 최고 재벌 리카싱 선생이었습니다. 리카싱 선생은 세일즈맨 때부터 문제가 생기면 핑계가 아니라 해결방법을 먼저 찾았고, 결국 업계 최고가 될 수 있었으니까요.”라고 덧붙였다.

실제로 리카싱은 세일즈맨 때부터 적극적으로 문제 해결방법을 찾는 등 남다른 모습을 보였다.

사장이 제일 싫어하는 직원이란, 해결 방법은 찾지 않고 핑계만 대는 사람이다. 당신이 사장이라면 맡긴 일은 제대로 안 하고 핑계거리만 찾는 직원에게 뭐라고 말할 것인가?

한 가지 일을 완성하기 위해서는 우선 성실한 자세부터 갖춰야 한다. 잘못을 저질렀으면 용감하게 책임을 지고 원인을 분석한 다음, 같은 실수를 되풀이하지 않도록 주의하자. 실패한 것에 대해 늘 변명만 하고 있다면 영원히 성공할 수 없다. 성공은 용감하게 문제 해결방법을 찾는 사람에게만 찾아오기 때문이다.

적극적으로 해결책을 찾아야 성공에 가까워지며 적은 노력으로 더 큰 성과를 낼 수 있다. 그렇지 않으면 많은 시간, 돈, 힘 등을 낭비하게 될 뿐이다.

우리는 다음과 같은 상황을 종종 접하게 된다. 두 명의 직원이 비슷한 일을 하고 있다. 한 사람은 야근도 불사하면서 일에 매달리지만 결과는 썩 좋지 않다. 하지만 다른 한 사람은 쉽게 일하는데도 매번 결과가 좋아 상사의 칭찬까지 받는다. 왜일까? 결정적으로 방법이 달랐기 때문이다. 적절한 방법을 사용해야만 시간과 노력을 덜 들이고도 일을 잘할 수 있는 것이다.

좋은 방법은 당신이 두각을 드러내도록 도와주고 더 많이 발전할 수 있는 여지를 제공한다. 운이 없다고 원망하기 전에 기회란 스스로 쟁취하는 것임을 분명히 인식하자. 절묘한 방법은 기회의 문을 여는 열쇠이다. 덕분에 일생일대의 터닝 포인트를 맞게 될지 누가 알겠는가!

1956년 미국 포드 자동차는 참신하고 성능이 우수하며 가격이 합리적인 새 모델을 출시했다. 그러나 실적은 당초 예상을 빗나가 부진을 면치 못했다. 회사 경영진은 이 때문에 걱정이 이만저만이 아니었다. 전 직원이 아이디어를 쥐어짜보았지만 끝내 묘안이 떠오르지 않아 신차 판매가 부진을 면치 못했다.

당시 막 대학을 졸업하고 수습 엔지니어로 있던 리 아이아코카Lee Iacocca도 이 소식을 듣고 방법을 모색하기 시작했다. 그러던 어느 날, 마침내 번뜩이는 아이디어가 떠올랐다. 그는 곧장 부사장의 사무실로 달려가 '56년형 신형 포드를 56달러에'라는 광고를 내자고 제안했다. 이 매력적인 광고를 내보내자마자 신차에 대한 문의전화가 빗발치기 시작했다. 아이아코카가 제시한 방법이란 1956년형 포드 자동차를 살 때 처음에만 가격의 25%를 지불하고 나머지는 매달 56달러씩 할부로 지불하는 것이었다. 이를 계기로 매출이 폭발적으로 증가했으며 아이아코카 역시 고속 승진의 길을 달리게 되었다.

미국 NBA 1994년~1995년 시즌 올해의 신인상을 거머쥔 제이슨 키드Jason Frederick Kidd는 자신의 경험담을 들려주며 이렇게 말했다.

"어릴 때 아버지께서 볼링장에 자주 데려가곤 하셨는데 전 볼링을 잘 못 쳤어요. 늘 핑계만 대고 왜 못 치는지 해결할 생각은 전혀 안 했죠. 그때 아버지께서 "핑계를 찾지 말거라. 그건 이유가 아니잖니. 네가 볼링을 못 치는 이유는 연습을 게을리 했기 때문이란다."라고 말씀하셨어요. 아버지 말씀이 옳았던 거지요. 그래서 저는 지금도 결점을 발견하면 바로 고치려고 노력합니다. 절대 핑계로 얼버무리며 넘어가지 않아요.”

　누구나 1년 동안 매일 영어 단어를 다섯 개씩 외우겠다는 계획을 세워본 적이 있을 것이다. 1년 후엔 영어 잡지 정도는 술술 읽게 되기를 바란다. 하지만 결심을 한 다음부터 매일 이런저런 일이 생겨 계획이 흐트러지고, 서서히 게을러지다가 나중에는 아예 포기해버려 시간이 나더라도 영어 책에는 손도 대지 않게 된다. 당연히 아무런 성과 없이 1년이 허무하게 지나가 버렸지만 당신은 일 때문에 바빠서 어쩔 수 없었다며 스스로를 위로할 것이다.

　많은 사람들이 실패하거나 상사에게 혼날 때 늘 다양한 자기변명을 늘어놓곤 한다. 책임지기 두려워서, 남의 웃음거리가 될까봐, 혹은 잠시 난처한 상황으로부터 벗어나기 위해서이다. 일을 망치면 상사의 지시가 잘못되었다고 말하고, 고객이 불평하면 고객이 너무 까다롭기 때문이라고 둘러댄다. 또, 승진을 못하면 상사가 공평하지 않기 때문이라고 핑계를 댄다. 더 무서운 것은 핑계가 ‘양날의 칼’과 같다는 점이다. 내 잘못은 철저히 두둔하면서 누군가 참신한 시도를 해보려 하면 이 핑계 저 핑계로 공격해서 포기하게 만드는 것이다. 이런 핑계의 ‘부작용’ 역시 꽤나 크다. 한두 번씩 쓸 때마다 점점 안이해지다가 나중에는 급기야 조금만 힘들어도 쉽게 위축되거나 포기하기 때문이다.

　유능한 사람은 자기변명을 하는 법이 없다. 변명은커녕 실패의 원인을 규명하고 잘못된 점을 고치는 데 노력한다.

　자신의 잘못을 변호하거나 그럴듯한 말로 덮어두려 하지 말자. 핑계를 댈 여력을 일하는 데 쏟는다면 다음 단계에서는 어떻게 해야 할지 답이 보일 것이다. 실패는 성공의 어머니라고 하지 않았는가! 핑계를 대는 대신 실패의 원인을 찾아본다면 서서히 실패를 줄일 수 있을 것이다.

‘구슬이 서 말이라도 꿰어야 보배’ 라는 말이 있다. 가지고 있는 생각과 꿈을 실현하고자 한다면, 내일부터 하겠다고 생각하면 안 된다. 지금부터 바로 계획과 규칙을 정하고 실천에 옮기도록 해야 한다. 삶의 목적을 위해서 할 일을 하지 않는 자신을 용서해서는 안 된다. 그것은 진정으로 자신을 사랑하는 것이 아니다.

한 번 이렇게 해보자. 당신이 곁에서 볼 수 있는 꿈꾸는 이상형 멘토를 선정하고 따르도록 하자. 마음속에 그린 것을 생생하게 상상하고 간절히 바라며 진심으로 믿고 열정을 다해 행동하면 그것이 무슨 일이든 반드시 실현된다.

✒ **실천을 위한 조언**

성공하는 사람들은 언제나 목적을 위한 실천의 방법을 연구하지만 실패하는 사람들은 핑계만 찾으려고 한다. 하지만 당신이 실패를 하고도 더 이상 핑계를 대지 않는다면 성공은 당신에게 한 발짝 더 가까이 다가올 것이다.

목적을 위해

용감하게

전진하라

세상에서 자신의 다리만큼 긴 길도 없고 머리만큼 높은 봉우리도 없다.

아무리 멀고 긴 길도 걷다보면 다다르게 되어 있다. 사람들은 저마다 높은 이상을 품고 있으며 누구나 한때 꿈을 좇아 힘든 여행을 떠나본 경험이 있을 것이다. 그러나 대부분은 길이 울퉁불퉁하다는 이유로 결국 포기하고 만다.

인생이 순풍에 돛 단 듯 마냥 순조로울 수만은 없다. 꿈을 좇는 우리의 여행도 마찬가지이다. 비가 내리지 않는 하늘이란 없는 것처럼 말이다. 운명이란 그런 것이다. 강인한 사람과 나약한 사람을 구별하는 기준은 간단하다. 강인한 사람은 운명이 도전해 올 때 "난 절대 포기하지 않아!"라고 외치며 맞선다. 이 한마디가 바로 그 사람의 성공의 기본이 되는 것이다.

01

어렵다고
위축되지 말라

인생이란 항상 잘 풀릴 때만 있는 것은 아니기 때문에 때로는 여러 가지 장애물과 난제를 만나기도 한다. 장애물은 마치 거대한 산처럼 우리를 가로막고 있기 일쑤다. 이럴 때 사람들은 각기 다른 선택을 한다. 어떤 이는 되돌아가고 어떤 이는 그대로 멈춰 서버린다. 하지만 좌절을 겪어도 움츠러들지 않는 사람은 아무리 지치고 힘들어도 가던 길을 멈추지 않는다. 그들은 걷고 또 걸어 결국에는 정상에 올라 산 아래를 굽어보며 눈앞의 절경을 만끽한다.

　　　　　　　　　　난관에 봉착했을 때 두려워하면 질 수밖에 없다. 그때 용감하게 'NO!'라고 말하면서 극복할 수 있는 방법을 찾아낸다면 성공의 서광은 당신 앞을 환하게 비춰줄 것이다. 30%가 운명이라면 70%는 자신에게 달렸다. 용감하게 맞서라, 그러면 이기게 되어 있다! 대지에 뿌려진 씨앗은 아무리 춥고 힘들어도 태양이라는 목표를 향해 흙을 뚫고 고개를 내민다. 멋지게 싸워 싹을 틔운 씨앗은 시련에게 이렇게 말할 것이다.

"고마워, 덕분에 튼튼하게 성장할 수 있었어."

셰익스피어는 "역경만큼 인생을 단련시킬 수 있는 것은 없다."고 말했다. 베토벤도 "고난과 역경이 몰려올 때 이겨낼 수 있는 힘, 그것이 바로 인생의 위대함이다."라고 말한 적이 있다.

한 노인이 미국 서부의 작은 시골 도로변에 닭튀김 가게를 열었다. 행인이 드물어 장사가 잘 되지 않았다. 가게를 옮겨보라고 권하는 사람도 있었지만 노인은 고집스럽게 그곳에서 닭튀김을 팔았다. 나중에 가게에서 그리 멀지 않은 곳에 도로가 생기자 이제 아무도 노인의 가게 앞을 지나지 않게 되었다. 결국 그는 문을 닫을 수밖에 없었다. 모두들 노인이 이제는 조용한 만년을 보내게 되었다고 예상하고 있을 때 그는 뜻밖의 선택을 했다. 그는 수년간 자신의 땀과 노력으로 완성한 닭튀김의 조리비법에 관심을 가질 법한 투자자들을 찾아다니기 시작했다. 희망과 열정을 가득 안고 이곳저곳을 들러보았지만 돌아오는 것은 거절뿐이었다. 어느 누구 투자하겠다는 이가 없었다. 그러나 노인은 포기하지 않았다. 사람들의 의견을 반영하고 자신의 생각을 담아 닭튀김 조리비법을 보완하면서 동시에 투자자도 계속 물색해나갔다. 어느덧 수백 명의 투자자들을 만나보았다. '언젠가 알아주는 사람이 나타날 거야.' 매번 거절을 당할 때마다 노인은 이렇게 자신을 위로했다. 그러다가 그는 번화한 도시 뉴욕에까지 오게 되었다. 역경에 굴하지 않고 앞으로 나아간 그의 도전 정신이 하늘을 감동시켰던 것일까? 1,000번의 거절을 당한 후, 드디어 그의 조리비법을 알아봐주는 사람이 나타났다. 노인은 그와 함께 프라이드치킨 전문점을 운영하기 시작했다. 그의 치킨은 삽시간에 미국 전역에서 사랑받게 되었다. 차츰 체인점이

전 세계 곳곳으로 퍼져나가기 시작하여 오늘날에는 세계인의 사랑을 듬뿍 받는 글로벌 브랜드로 발전하였다. 이것이 바로 그 유명한 KFC 프라이드치킨이다. 끝까지 포기하지 않는 근성으로 만년에 기적을 일으킨 사람이 바로 KFC의 창시자인 것이다.

키시다 쿄코岸田今日子는 일본의 유명한 배우이다. 그러나 그가 어릴 때 '낯선 사람을 두려워하는 겁쟁이 여자아이'였다는 사실을 아는 이는 많지 않을 것이다.

키시다 쿄코는 한때 성악을 배우고 싶었으나 목소리 톤이 너무 낮아서 포기해야 했다. 피아노를 배우려고 했을 때는 손가락 관절이 너무 약해서 그만둬야 했다. 결국 합창단에 들어갈 수밖에 없었다.

합창단의 지도 교사는 키시다 쿄코에게 저음을 훌륭히 소화해내는 천재라고 칭찬했고, 이 말에 자신감을 얻은 쿄코는 희망이 넘치는 인생을 살게 되었다. 그로부터 얼마 후, 그는 스페인어 등 여러 언어를 배워 연극 무대에서도 활약하기 시작했다. 또한 자신의 실력을 증명하기 위해 그는 모노드라마를 연출하기도 했다.

막심 고리키Maksim Gorky는 "폭풍우가 거칠게 몰아치도록 내버려두어라."라고 말했다. 그렇다. 고난과 역경은 인생에서 조미료와 같은 역할을 한다. 그것이 없으면 우리네 인생이란 꽤나 밍밍하고 재미도 없을 거라는 이야기다. 폭풍우를 헤쳐 나갈 때처럼 원대한 꿈을 가슴에 품고 자신에게 찾아온 고난과 역경도 여유 있게 견뎌내자. 그리고 용감하게 성공의 기쁨을 맛보자!

✒ 실천을 위한 조언

역경에 처했을 때 용감하게 도전에 맞서야만 성공의 참맛도 느낄 수 있
으며, 스스로의 인생을 더욱 성숙하게 만들어갈 수 있다.

02

용감하게
도전을 받아들여라

인생이란 무엇인가를 끊임없이 추구하는 것이다, 갈망하는 것이다. 이처럼 사람들은 저마다 인생에 대한 다른 정의를 내놓는다. 그러나 한 가지 언제나 변하지 않는 사실도 있다. '성공과 실패가 교차하는 인생을 통해 기쁨과 즐거움뿐만 아니라 고통의 쓴맛까지 맛보게 된다'는 것이다. 그러므로 인생을 제대로 알고자 한다면 먼저 실패, 불행, 좌절과 고통부터 알아야 한다.

지렁이는 튼튼한 뼈도, 뾰족한 이빨도 없지만, 땅을 헤집고 먹이를 찾아먹는다.

달팽이는 독수리와 같은 멋진 날개가 없어서 높은 하늘을 날 수는 없지만, 피라미드 꼭대기에 올라 대지를 굽어볼 수는 있다.

지렁이와 달팽이는 불리한 선천적인 조건에 굴하지 않고 용감하게 도전을 받아들였다. 자신의 단점을 극복하고 이상을 위해 멋지게 싸운 것이다.

이처럼 어려움과 실패를 두려워하지 않고 용감하게 도전에 맞서자! 성공하고 싶다면 반드시 이런 용기가 있어야 한다. 모험할 용기가 없는 사람은 평범한 인생을 살 수밖에 없는 비극을 기꺼이 받아들여야 한다. 어떤 이들은 '만약에 실패하면 어쩌지?', '만약에 창피당하면 어떡해?', '만약에……' 하면서 머뭇거리고 이것저것을 걱정한다. 결국 이렇게 많은 '만약에' 때문에 성공할 수 있는 기회를 놓치고 마는 것이다. 그런데 모든 역사적인 위대한 성공이란 불가능할 것이라는 편견을 깨고 이뤄졌다는 사실을 아는가?

미국의 제34대 대통령 아이젠하워Dwight David Eisenhower가 젊었을 때의 이야기다. 그가 집안 식구들과 카드놀이를 할 때였다. 몇 판째 계속 운이 따라주지 않자 그는 계속 투덜거렸다. 그러자 어머니께서 정색을 하시며 "계속 할 거라면 네가 가진 카드가 어떻든지 간에 네 손에 쥔 카드만 쓸 수 있는 게다!"라고 말씀하셨다. 순간 아이젠하워는 깜짝 놀라 멍해졌다. 어머니는 또 "인생도 그런 거다. 카드는 하나님이 주시는 거야. 그것이 무엇이든 넌 그걸 받아들여야 한다. 그리고 최선을 다해서 최상의 결과를 얻도록 해라!"라고 따끔하게 혼내셨다.

아이젠하워는 오래도록 어머니의 말씀을 명심했다. 삶을 불평하기보다 긍정적이고 낙관적인 태도로 매사에 최선을 다했으며, 어떤 도전도 받아들였다.

미국의 에디슨Thomas Alva Edison은 가난하고 학교도 오래 다니지 않았지만 전신기, 백열전등, 축음기 등을 발명하여 발명왕이라 불릴 수 있었다. 일명 '들사슴'이라 불리는 미국의 흑인 여자선수 월마 루돌프Wilma Rudolph는 1960년에 열린 제17회 올림픽에서 육상경기 3관왕을 차지했

다. 하지만 월마가 어렸을 때 소아마비에 걸렸었다는 사실을 아는 이
는 많지 않다.

많은 사람들은 자신에게는 왜 좋은 기회가 오지 않는지, 자신은 왜
성공할 수 없는지만 불평할 뿐이지, 삶의 도전 앞에 용감하게 맞섰는지
는 따져보지 않는다.

사실 인생이란 육지가 보이지 않는 망망대해를 건너는 것과 같다.
어떤 이는 선박에 해당하고 어떤 이는 조각배에 해당하는 것일 뿐, 누
구나 이 바다를 건너야 한다. 때마침 큰 파도를 잘 타면 일이 급속도로
순조롭게 풀릴 수 있지만, 파도에 잘못 휩쓸리면 숨조차 제대로 쉴 수
없다. 어쩌면 짠 바닷물을 연거푸 마셔서 너무 괴로운 나머지 도망치
고 싶어질지도 모른다. 물론 계속 바다 기슭에 있으면서 바다에 뛰어
들지 않을 수도 있다. 그러면 고통을 겪지 않아도 되고 다치지도 않을
테니까. 그 대신 이상향이 가리키는 진정한 의미를 깨닫지 못한 채 영
원히 현실에만 안주할 수밖에 없다. 따라서 다른 사람들이 멀리 바다
로 나아가고 성공하는 모습을 그저 바라만 봐야 할 것이다.

모든 길에는 끝이 있게 마련이다. 용감하게 운명의 도전을 받아들이
기만 하면 성공은 당신을 향해 서서히 다가올 것이다.

세계적인 갑부 빌 게이츠는 아이들의 우상이자, 젊은이들에겐 흠모
의 대상이다. 빌 게이츠가 성공할 수 있었던 것은 도전을 받아들이는
용기 덕분이었다.

재학시절 그는 학교에서 손꼽히는 우등생이었고, 기억력도 놀랄 만
큼 좋았다. 그의 영어 교사였던 앤 스티븐스Anne Stephens는 빌 게이츠의
놀라운 기억력에 대한 인상이 깊었다. 한 번은 학교에서 〈블랙코미디〉

를 공연하기로 했다. 다른 아이들이 긴 시간 동안 가까스로 외운 세 쪽 가량의 대사를 빌 게이츠가 짧은 시간에 한 자도 안 틀리고 완벽하게 외워서 선생님을 깜짝 놀라게 만들었다. 물론 다른 학생들에게도 부러움을 샀다.

그를 가르쳤던 교사들은 빌 게이츠의 학창시절을 떠올리면서 "제가 수업시간에 우물쭈물하거나 횡설수설할 때면 빌 게이츠가 '선생님, 그건요……'라고 말하려고 했어요."라고 말했다.

빌 게이츠는 명문사립중고등학교 레이크사이드를 다니는 동안 시낭송반 활동과 보이스카우트를 한 적이 있다. 그리고 종교적인 문제에 흥미를 느끼지는 않았지만 '성경'은 읽어본 적이 있다.

한 번은 시애틀대학에서 명망이 높은 델 테일러^{Dell Taylor} 목사가 빌 게이츠가 있는 학급에서 '마태복음' 제5~7장 내용을 전부 외운 사람에게 시애틀의 '스페이스 니들^{Space needle}' 스카이라운지에서 식사할 수 있는 기회를 주겠다고 폭탄선언을 했다.

'스페이스 니들'은 153.3미터나 되는 높은 탑으로 그곳 스카이라운지에 가면 시애틀의 최고 인사들을 모두 만날 수 있었다. 따라서 '스페이스 니들' 스카이라운지는 곧 시애틀의 최고급 레스토랑이자 동시에 권력과 부의 상징이라고 할 수 있었다.

하지만 테일러 목사와 이곳에서 식사하기란 결코 쉬운 일이 아니었다. 돈 많은 집안의 자제라 할지라도 불가능했다. 수십 년간 교수 생활을 해오면서 그는 매년 자신이 가르치는 학생들에게 성경속의 몇 개의 장과 절을 외우게 했다. 그런데 문제는 암기해야 할 내용이 많을뿐더러 장간 내용의 연관성이 없어 기억하기 쉽지 않다는 점이었다. 그래서 지금까지 한 글자도 빼먹지 않고 정확하게 암기한 학생이 한 명도 없었다. 그런데 빌 게이츠가 이 불문율을 깨고 처음부터 끝까지 완벽하게 외웠던 것이다.

테일러 목사는 당시 빌 게이츠가 운율에 맞추어 막힘없이 자신 있게 마태복음을 암송했다고 회상했다.

"예수께서 무리를 보시고 산에 올라가 앉으시니 제자들이 나아온지라 ……. 예수께서 이 말씀을 마치시매 무리들이 그 가르치심에 놀라니 이는 그 가르치시는 것이 권세 있는 자와 같고 저희 서기관들과 같지 아니함일러라."
– 마태복음 5장 1절 ～ 7장 29절

목사는 빌 게이츠에게 암송한 내용과 관련된 몇 개의 질문을 던졌고 만족스러운 대답을 들을 수 있었다. 그는 빌 게이츠에게 어떻게 이 많은 내용을 외웠느냐고 묻지 않을 수 없었다.

그러자 빌 게이츠는 "최선을 다하면 제가 원하는 일은 뭐든 해낼 수 있어요!"라고 대답했다. 이것이 맹신에서 나온 말이었는지 아니면 자신감에서 나온 말이었는지는 알 수 없지만 빌 게이츠의 성공이 분명한 답을 제시해주고 있다. 360도 회전하는 전망 좋은 '스페이스 니들' 스카이라운지에서 빌 게이츠는 가까스로 마태복음을 외운 31명의 학생들, 그리고 목사와 함께 멋진 식사를 즐길 수 있었다. 겨우 열한 살짜리 아이에 불과했던 빌 게이츠가 보여준 기억력은 사람들을 깜짝 놀라게 만들었다.

인생을 홀로 걷다보면 여러 가지 어려움을 겪게 된다. 이러지도 저러지도 못하는 경우, 심지어는 절망에 빠지는 경우도 생긴다. 이때가 바로 도전을 받아들이고 용감하게 난관을 헤쳐 나가는 법을 배워야 할 때다. 두 다리를 잃어버린 사람이 세상에서 가장 높은 산인 에베레스트 산을 오르겠다고 선언한 적이 있다. 당시 사람들은 비웃으며 머리가 어떻게 된 것 아니냐는 반응을 보였다. 다리가 없는데 무얼 가지고 산을 오르겠다는 건가! 그러나 한 달 후 그 사람은 정말 정상에 올랐다.

성공은 언제나 용감한 자에게만 주어진다. 설사 만족스러운 결과를 얻지 못하더라도 어떤가? 그래도 자랑스럽게 가슴은 쭉 펴고 고개는 높이 들면서 쿨 하게 말하는 거다, "난 후회하지 않아!"라고. 왜냐면 이미 최선을 다했으니까! 이 값진 경험은 인생의 아름다운 한 페이지이자 소중한 인생자산이 될 것이다.

✐ 실천을 위한 조언

용감하게 도전에 맞서라! 도전에 맞서는 동안 성장하는 자아를 발견하게 될 것이고 나아가서는 성공이 조금씩 당신에게 다가오고 있음을 느낄 수 있을 것이다!

03

목적을 위해서라면
되돌아가도 좋다

지난 일에 연연하지 않으면 좋겠지만, 살다보면 절대 불가능하다는 사실을 알게 된다. 앞길이 막막할 때는 걸어온 길로 되돌아가기라도 해야 하지 않을까? 이럴 때 돌아갈 곳마저 없다면 이보다 더 큰 비극은 없을 테니 말이다.

     "쿨 하게 떠나왔으니 다신 돌아가지 않을 거야!" 멋지고 통쾌한 말이다. 지금까지 셀 수 없이 많은 사람들이 이런 말을 했고 지킨 사람도 많았다. 그런데 이들 중에는 창피하고 구차해 보인다는 이유로 어쩔 수 없이 되돌아가지 못한 사람들도 꽤 많았을 것이다. 돌아가면 막다른 골목에 다다른 지금보다 나을 것을 알면서도 체면이나 얄팍한 자존심 때문에 되돌아가기를 포기했을지 모른다. 돌아가야 할지 말아야 할지 고민될 때 가장 먼저 고려해야 할 것은 체면이나 자존심이 아니라 '지금의 현실'이다. 목적을 달성하기 위해라면 되돌아가는 것도 현명한 선택이 될 수 있다.

"잘린 게 아니라 내 발로 걸어 나온 거야." 일하면서 과도한 스트레스를 받을 때면 누구나 사표 쓰고 싶은 마음이 굴뚝같다. 일부는 실제로 그만두고 나오면서 '내 발로 걸어 나온 거라고' 목에 힘주어 강조하기도 한다. 그러나 얼마 후, 더 좋을 줄 알았던 새 직장도 업무상 어려운 점은 있기는 매한가지라는 사실을 깨달았던 경험이 누구나 한 번쯤은 있을 것이다. 예를 들면, '사장의 성격이 너무 나빠서 걸핏하면 화를 내며 봉급을 깎는다고 엄포를 놓는다.'거나 '야근을 밥 먹듯이 하면서 야근 수당은 몇 푼 주지도 않는다.' 등등의 경우가 있을 수 있다. 이쯤에서 돌아보면 처음에 '당당하게'걸어 나온 직장이 실은 천국이었다는 사실을 깨닫고, 손발이 척척 맞았던 옛 동료들과 화목했던 사무실 분위기 등이 그리워지기 시작할 것이다. 그런데 막상 돌아가고 싶어도 "쿨하게 떠나왔으니 다신 돌아가지 않을 거야!"라고 했던 말이 생각나면서 어떻게 해야 할지 몰라 고민에 빠지게 된다.

많은 세계적인 기업은 재임용 제도를 갖추고 있다. 막 입사한 잠재력 있는 젊은 직원들이 과도한 스트레스와 자아발전 가능성 때문에 그만두고 다른 곳으로 직장을 옮기는 경우가 심심치 않게 나타나기 때문이다. 이렇게 떠나는 직원들은 대기업의 직원 육성 전략을 통해 근무 경험을 쌓은 후에야 질적인 도약이 가능하다는 중요한 사실을 간과한다. 다른 직장에서 난관에 봉착해본 후에야 비로소 전에 일했던 직장의 소중함을 깨닫는다. 이렇게 해서 일단 원래 회사로 되돌아온 직원들은 대부분 전보다 더 열심히 일한다.

대부분의 기업들은 직원을 채용할 때 먼저 발전 잠재력이 있는 사람인지 평가한다. 훌륭한 인재였다면 다시 돌아오겠다는 의사를 밝혔을 때 회사가 거절할 이유는 없다. 오히려 더 나은 여건을 제공해주려 할 것이다. 기업 입장에서는 핵심인재가 빠져나가기 시작하면 내부 인재 관리 시스템에 문제는 없는지 돌아보고 정비하여 더 많은 인재가 떠나는 것을 막아야겠다고 생각할 것이다. 현재 많은 기업들이 재임용 제도를 통해 유능한 인재를 붙잡아두려 한다는 점을 고려할 때, 더 나은 발전과 이상 실현을 위해서 때로는 되돌아가는 것도 좋은 방법이 될 수 있다.

✒ 실천을 위한 조언

현대 시대의 빠른 변화에 따라서 다른 기업체에서 관련분야의 경력을 쌓은 뒤 원하는 직장으로 재입사하는 "우회 전략"을 실현하는 직장인이 많다. 기업들도 교육비용, 연봉 부담 등이 적어 선호를 한다. 따라서 '원래 직장으로 되돌아가는 것'도 당신의 발전을 위한 전환점이 될 수 있다. 이것이 향후 발전에 더 큰 도움이 될 수도 있다.

The Power of Purpose 나를 이끄는 목적의 힘

제6장

목적을 실현하기 위한 5개의 황금열쇠

자신감이 있는 사람은
자신의 힘으로
목적을 실현할 수 있다.

즉, 강인한 의지와 열정을 바탕으로 실제 행동을 취해 성공을 향해 한 걸음 한 걸음씩 다가갈 수 있다. 이처럼 자신감, 열정, 근면함, 의지에 행동이 더해지면 힘들이지 않고 목표를 달성할 수 있다.

01

자신감 :
목적을 실현하기 위한 기본

《위대한 상인의 비밀The greatest salesman in the world》를 보면 "자신감은 성공의 기본이다."라는 말이 나온다. 자신감이란 '나는 할 수 있다'를 신념으로 하는 자기 자신에 대한 믿음과 긍정적이고 진취적인 태도를 가리킨다.

살다보면 비바람도 만나고 우여곡절도 겪게 마련이며, 학업과 사업의 성취를 추구하다 보면 뜻대로 되지 않을 때도 생긴다. 바로 이때 자신감이 어둠을 밝히는 등불이자, 풍랑 속의 돛, 성공의 반석이 되어줄 것이다. 또한 주위 사람들이 계속 전진할 수 있는 용기와 희망도 북돋아줄 것이다. 자신감이 위대한 이유는 이처럼 약자를 강하게 만들고 강자를 더욱 강하게 만드는 신기한 마력을 갖고 있기 때문이다.

일찍이 많은 위인들은 자신감이 남달랐다. 그래서 더 높은 목적을 지향하는 도중에 비록 실패를 겪더라도 결코 희망을 버리지 않았으며,

자신을 다독여 마침내는 성공을 이룬 것이다.

미국의 석유왕 록펠러는 "자신감은 스스로에게 용기를 주어 어려움에 맞서 싸울 수 있게 해준다. 급할 때는 지혜를 발휘하여 위기를 모면하게 해줄 뿐만 아니라 타인의 신임을 얻게 해 성공할 수 있도록 도와준다."고 말했다.

자신감은 목적에 도달하기 전까지 우리가 끊임없이 도전할 수 있는 힘을 제공해준다. 그렇기 때문에 가시밭길에서도, 비바람이 몰아쳐도, 꿋꿋하게 거침없이 앞으로 나아갈 수 있는 것이다. 성공으로 연결되는 요인은 많지만 자신감이야말로 가장 중요하면서도 반드시 갖추어야 하는 필수 조건이다.

세계적인 음악의 거장 베토벤은 어느 공작과의 대화에서 "공작님, 당신이 공작이 된 것은 운 좋게 공작 집안에서 태어났기 때문이지만, 제가 베토벤이 된 것은 순전히 제 노력 덕분입니다. 공작이란 지금도, 앞으로도 있을 테지만 베토벤이라는 음악가는 저 하나뿐이죠."라고 말한 적이 있다. 이 말을 통해 "사람들에게 아름다운 음악을 선사하기 위해서 살아가겠어!"라는 그의 굳은 결심과 자신감을 엿볼 수 있다. 베토벤에게 자신감은 인생이란 여행의 동반자였고 '운명교향곡'은 바로 이러한 자신감을 노래한 걸작이었다.

자신감이 결코 성공을 의미하지는 않는다. 그러나 자신감이 있으면 성공하는 데 확실히 유리하다. 성공이란 이름의 여행을 떠나기 전에 반드시 필요한 준비물이 바로 미소와 자신감이다.

아르키메데스Archimedes가 "나에게 지렛대를 달라. 그러면 지구도 들어 올릴 것이다."라고 호언장담할 수 있었던 것은 바로 정통한 과학지식에서 오는 자신감 덕분이었다.

이처럼 자신감은 개인의 성공에 매우 중요한 역할을 한다. 자신감이 없으면 마치 손발이 묶인 사람처럼 부자연스러울 수밖에 없다. 세상은 다 내 것이고, 내 편이라고 생각하라. 백 번 쓰러져도 다시 일어설 수 있는 자신감이 있다면 진정으로 당신은 모든 것을 해낼 수 있을 것이다.

실천을 위한 조언

자신을 믿으면 어려움에 처했을 때는 헤쳐 나갈 힘을 발휘할 수 있고, 슬럼프에 빠졌을 때는 다시 일어설 수 있는 꿈과 용기를 갖게 될 것이다. 설령 잘못된 길로 들어서더라도 막힌 길을 뚫고 나갈 힘을 발휘하게 될 것이며, 이해득실에 연연하지 않을 수도 있다. 그러므로 늘 잘할 수 있다는 자기암시의 주문을 외우면서 자신을 믿고 목표를 향해 전진해야 한다.

02

용기 :
길을 밝혀주는 등불

성공하려면 운도 따라야 한다고들 하지만 우선은 시도해보려는 용기가 있어야 한다. 그래야만 운까지 따라줄 때 기회를 잡을 수 있지 않겠는가. 용기가 없어서 감히 시도조차 못 하고 있다면 어떤 기회도 잡지 못할 것이다.

    에디슨은 "성공은 99%의 땀과 1%의 영감으로 이루어진다."라는 명언을 남겼다. 주변을 둘러보자. 똑똑하고 노력하는 사람들이 좀 더 나은 삶을 사는 것은 사실이다. 하지만 자세히 살펴보면 그들이 누리는 삶의 질은 결코 그들이 원하는 수준이 못 된다는 것을 쉽게 발견할 수 있을 것이다. 오히려 이들보다 부족한 듯 보이는 사람들이 더 큰 성공을 거둔 경우가 많다.

도대체 왜 그럴까? 정답은 바로 '용기'이다. 열심히 노력하는 천재라도 용기가 부족해 움츠러든다면 결국 성공을 눈앞에 둔 마지막 순간에 실패를 면치 못할 것이다. 20세기 영국의 물리학자 디랙[Paul Adrien

Maurice Dirac은 당시까지만 해도 만고불변의 진리라 여겨졌던 뉴턴의 고전물리학을 뒤집을 만한 새로운 이론을 만들어냈다. 그러나 뉴턴의 이론이 깨지는 것을 차마 볼 수 없었던 디랙은 도저히 자신의 새 이론을 발표할 수가 없었다. 그로부터 얼마 후 불과 스물여섯밖에 안 된 한 젊은이가 디랙의 이론과 같은 이론을 발표했는데, 그가 바로 특수상대성 이론을 만들어낸 아인슈타인Albert Einstein이었다. 아인슈타인이 성공할 수 있었던 것도 상당 부분은 그의 용기 덕분이었다. 통계에 따르면, 오늘날 세계적인 유명 인사들과 기업가들은 대부분 35세 이전에 자신의 분야에서 성공을 거두었다고 한다. 젊었을 때 이미 세상을 깜짝 놀라게 할 만한 성공을 거둔 것은 바로 용기가 결정적인 작용을 했기 때문이다.

우리 주변의 다양한 사람들을 관찰해보면 흥미로운 사실을 발견할 수 있다. 누군가 능력 있어 보이는 까닭은 그가 특별한 재능을 가지고 있어서가 아니라, 똑같은 상황에서 남다른 자신감과 용기를 발휘하기 때문이다. 이처럼 사소한 차이가 승패를 좌우할 뿐 아니라 전혀 다른 결과를 낳기도 한다.

예로부터 성공한 사람들의 비결 중에 언제나 빠지지 않는 것이 바로 용기였다.

누구나 마음속에 두 개의 등불을 가지고 있다. 하나는 희망의 등불이요, 다른 하나는 용기의 등불이다. 이 두 가지가 다 있어야 어떠한 어둠과 고난도 헤쳐 나갈 힘이 생기는 법이다.

용기 있는 사람은 고난과 위험을 두려워하지 않으며, 모험을 즐기는 사람이 때로는 더 큰 보상을 받기도 한다. 용기를 내서 어떤 일을 해야 할지 말아야 할지 진지하게 고민이 된다면, 앞으로 예상되는 리스크와 나중에 얻게 될 보상을 객관적으로 비교하는 것도 좋은 방법이다. 잘못을 인정하고 실패에서 교훈을 얻자. 인생을 살면서 여러 가지 시도를 하다 보면 분명히 실패도 여러 번 경험할 것이다. 지금 하고 있는 일이 당신과 맞지 않는다는 생각도 들 것이다. 하지만 그런 이유로 용기를 잃어서는 안 된다. 포스 자동차의 창립자 헨리 포드는 자동차 산업에 뛰어든 후 처음 3년 동안 두 번이나 파산해야 했다. 또, 미국의 대형 백화점 메이시스Macy's는 7번의 위기를 겪은 후 마침내 성공할 수 있었다. 그러므로 실패를 두려워하지 말고, 냉정하게 실패한 원인을 분석하고 현명하게 대처하다 보면 머지않아 당신도 성공할 수 있다.

누구나 세상에 자신을 위한 자리가 마련되기를 바라고, 성공하기를 갈망한다. 하지만 그전에 먼저 다음과 같은 '용기'를 갖춰야 한다.

1) 현실을 타파할 수 있는 용기

일단 습관이 되면 사람들은 이를 무조건 당연하게 생각한다. 그러므로 습관이 때로는 자유로운 사고를 방해할 수도 있다. 그렇게 되면 목표에 도달하고자 하는 의지도 자연스레 사라질 수 있다. 그러므로 성공이라는 목표에 도달하기 위해서 반드시 현실을 타파하고 새로운 목표에 과감하게 도전하는 도전정신이 필요한 것이다.

2) 남을 용서할 줄 아는 용기

사람을 사귄다는 것은 상당히 복잡하면서도 간단한 일이다. 대인관계를 맺으려면 남을 용서하는 용기가 있어야 한다. 사람이 많아질수록 그 용기도 따라서 커져야 한다. 누군가에게 장미를 선사하면 자신의 손에도 향기가 남게 마련이다. 만약 당신이 먼저 '잘못을 저지르고도 인정하지 않는 사람'을 용서한다면, 두 사람 사이의 갈등을 순식간에 해소할 수 있을 것이다. 또한 넓은 마음을 가지고 있으면 노력하지 않아도 자연스레 따르는 사람이 많아진다.

3) 포기하지 않는 끈기

살다보면 예상치 못한 곳에서 어려움이 우리를 기다리고 있을 때도 있다. 어려움을 겪게 되었을 때 당신은 당당하게 맞설 용기가 있는가? 맞설 것인가 포기할 것인가는 물론 당신의 삶의 태도를 반영하는 것일 뿐 옳고 그름의 문제가 아니다. 포기할 때는 뒤돌아보지 말고 깨끗하게 물러나야 한다. 용감하게 포기할 줄 알아야 새로운 방향을 모색하고 새롭게 사고할 수도 있는 법이다.

그렇다면 적당히 포기해야 할 때와, 결코 포기해서는 안 되는 때는 또 언제인가? 이는 꽤나 어려운 선택의 문제이다.

성공하고 싶다면 반드시 성공하기 전에 닥쳐오게 마련인 연이은 실패를 담담하게 받아들일 줄 알아야 한다. 성공은 실패의 어머니라고 하지 않았는가. 인생은 어둡고 긴 터널을 지나는 것과 같아서 한 치 앞조차 분간할 수가 없다. 하지만 두려움과 의심 대신 용기를 가지고 한 걸음 한걸음씩 앞으로 나아가다 보면 다음엔 어디로 발을 내딛어야 할지 느낌이 올 것이다. 멀리 바라만 보지 말고 앞을 향해 걸어보자! 그러면 당신이 나아갈 방향을 찾을 수 있을 것이다.

성공한 사람들이 보통 사람들보다 꼭 뛰어난 능력이나 재능을 가지고 있는 것은 아니다. 그들은 다만 포기하지 않는 용기와 다음엔 분명히 성공할 것이라는 강한 믿음을 가졌을 뿐이다. 프랑스의 작가 볼테르^{Voltaire}가 했던 말처럼. "이 세상에서 성공하려면 끝까지 포기하지 않는 용기가 필요하다. 무사가 죽을 때조차 검을 손에 쥐고 있듯이." 하지 않고 먼저 '자신이 없다' 할 수 없다고 생각하면 안된다.

아침에 일어나면 먼저 '나는 할 수 있다' 라고 10번씩 되뇌여 보자. 하루가 달리 마음이 자신도 모르게 자신감으로 든든해 질 것이다. 그러기 위해서 최고의 스승은 경험이라고 할 수 있다. 혼자서 흔들리지 않고 당당하게 담대하게 걸어 갈 수 있는 용기, 옳은 것만을 보려고 하고 추구하려는 진정한 용기를 기르자.

✒ 실천을 위한 조언

인생의 성공은 늘 실패보다 한 걸음 늦게 찾아온다. 그렇기 때문에 인생의 성공은 당신이 얼마나 많은 성취를 했는지에 달린 것이 아니라, 여러 차례 실패해도 계속 도전할 수 있는 용기를 가졌는가에 달려있다고 할 수 있다. 다시 말해, 계속 살아갈 의지를 가진 사람이야말로 진짜 용기 있는 사람이라는 뜻이다.

■ ■ ■ **03** ■ ■ ■

열정 :
성공의 원동력

성공은 그 사람이 가진 재능보다는 얼마나 대단한 열정을 품고 있느냐에 따라 결정된다. 열정만 있다면 누구나 성공할 수 있으니 세상은 얼마나 공평한 곳인가? 불타는 열정을 가진 사람은 생의 마지막 순간까지도 사그라지지 않는 열정을 간직할 것이다. 이들은 어떤 어려움이 닥치든, 미래가 얼마나 암담하든, 늘 열정으로 스스로를 격려할 것이며, 자신의 열정이 마음속에 간직한 꿈을 현실로 만들어줄 것이라 믿어 의심치 않는다.

√ 자신의 일에 열정적인 사람은 그 일이 얼마나 어렵든지, 얼마나 많은 노력을 요하는지와 상관없이 늘 즐거운 마음으로 대한다. 이러한 태도만 뒷받침된다면 반드시 성공할 수 있을 것이고 목표도 실현할 수 있을 것이다. 미국의 사상가 겸 시인인 에머슨Ralph Waldo Emerson은 "역사상 모든 위대한 업적은 열정으로 이루어진 것이다."라고 했다.

영국의 화학자 보일Robert F. Boyle은 "열정이 없는 사람은 아무것도 아

니다. 그러나 열정이 있는 사람은 절대 과소평가해서는 안 된다."라고
했다.

열정은 발휘할수록 점점 더 커진다. 당신이 더 많이 노력할수록 얻
는 것도 점점 많아질 것이다. 그중에서 가장 큰 선물은 쌓여가는 돈이
아니라 열정이 가져다주는 정신적인 만족감이다.

당신이 열심히 일해서 사장님과 고객을 만족시켰다면 당연히 당신
이 얻는 것도 늘어난다. 미래를 준비하는 젊은이라면 믿음, 능력, 성실
등의 덕목을 꼭 갖춰야 한다. 이 중에서 가장 중요한 것은 무엇일까?
바로 열정이다! 끝까지 최선을 다하는 것을 인생의 즐거움이자 행복으
로 여기는 '열정' 말이다. 인종과 국적이 다르고 서로 다른 시대를 살
았던 수많은 성공한 예술가, 발명가, 음악가, 작가, 시인들은 '열정'이
라는 공통분모를 가지고 있다.

독일의 유명한 음악가 헨델^{George Friedrich Handel}이 어렸을 때 가족들은
악기에 손도 대지 못하게 할 정도로 음악을 배우는 것에 반대했다. 하
지만 헨델의 손발을 묶어 그의 신체적 자유를 구속할 수 있었을지는 몰
라도 그의 음악에 대한 열정만큼은 결코 구속할 수 없었다. 그리하여
헨델은 밤이면 밤마다 몰래 집을 빠져나가 피아노를 배웠다. 그런가
하면 모차르트^{Wolfgang Amadeus Mozart}는 어릴 적에 매일같이 힘든 일을 해
야 했지만 저녁만 되면 몰래 교회에 가서 오르간 연주를 들으며 음악
세계에 푹 빠져 지냈다. 바로크 음악의 대표자인 독일의 작곡자 바하
^{Johann Sebastian Bach}는 촛불을 켜는 것조차 허락되지 않아 달빛 아래서 악보
를 베껴가며 공부했고, 악보마저 압수당하고 말았지만 음악에 대한 열
정만큼은 변함이 없었다.

증기기관차의 원리처럼 열정 또한 인간에게 달릴 수 있는 힘을 제공한다. 나폴레온 힐은 대개 저녁 무렵, 뉴욕시에 있는 자신의 집에서 집필활동을 시작하곤 했다. 그가 여느 때처럼 글쓰기에 몰두하던 어느 날 저녁이었다. 무심코 서재 창밖을 바라보다가 반대편 건물에 비친 달그림자가 평소와는 다르다는 것을 발견했다. 그날은 은회색이 아닌 생전 처음 보는 색을 하고 있었다. 나폴레온 힐은 다시 자세히 살펴보고 나서야 그것이 달그림자가 아니라 새벽녘 떠오르는 태양이 반사된 것이었음을 깨달았다. 날이 밝아오는지도 모를 정도로 집중해서, 밤새도록 일에 몰두했던 것이다. 하지만 그는 그 상태에서 꼬박 이틀을 더 일했다. 간단히 끼니를 때운 시간을 제외하고는 한 번도 쉬지 않았다. 만약 일에 대한 열정이 없었다면 사흘 동안 피곤한 줄도 모르고 전념한다는 것은 불가능했을 것이다.

어떤 유명한 금융전문가는 "은행 경영을 성공으로 이끄는 유일한 방법은 자나 깨나 은행 경영을 꿈꿨던 사람을 총재로 맞이하는 것이다."라고 말했다.

열정이 없다면 무용가는 영혼의 몸짓을 보여줄 수 없을 것이고, 화가는 혼이 살아있는 그림을 그리지 못할 것이다. 사람들에게 깊은 인상을 남긴 웅장하고 거대한 건축물 역시 탄생될 수 없을 것이고, 유명시인의 시가 사람의 영혼을 울리는 것도 불가능할 것이다. 그렇게 되면 결국 이 세상 모든 것들은 존재의 이유와 가치를 상실하고 말 것이다.

밀턴John Milton, 《실낙원失樂園》의 저자로서 셰익스피어에 버금가는 대시인과 셰익스피어가 펜을 들고 나뭇잎에 그들의 타오르는 창작열을 발산하도록 만들었듯이 열정은 사람들의 영혼을 역동적이고 자유롭게 만든다.

또한 열정은 굳은 결심을 하고 강한 의지를 갖도록 만든다. 즉시 행동하여 생각이 현실로 나타날 수 있게 도움을 주기도 한다.

예일대학의 윌리엄 필립William Philip 교수는 자신의 저서에서, "나에겐 가르치는 일이 그 어떤 일보다 우선한다. 나는 학생들을 가르치는 것이 좋다. 화가가 그림 그리는 것을 사랑하고 가수가 노래 부르는 것을 사랑하며 시인이 시 쓰는 일을 사랑하듯이, 나도 가르치는 일을 사랑한다. 그래서 매일 아침 눈뜨기 전, 학생들을 가르칠 생각으로 마음이 들뜨곤 한다……. 일을 잘하는 가장 효과적인 방법은 바로 자신이 매일 하는 일에 열정을 갖는 것이다. 이처럼 열정은 우리의 가장 소중한 자산이다."라고 밝혔다.

뉴욕 철도 회사의 사장이었던 프레드릭 윌리엄슨Frederick Williamson은 어떻게 하면 효율적으로 근무해 성공할 수 있느냐는 인터뷰 질문에 이렇게 대답했다.

"저의 경험에 비추어볼 때, '풍부한 경험'과 '열심히 일하는 자세'가 바로 사람들이 쉽게 간과하는 성공의 비결입니다. 성공한 사람이나 실패한 사람이나 지식의 차이는 미미합니다. 실력이 비슷한 두 사람이 있다고 가정해봅시다. 실력은 없지만 열정이 있는 사람과 실력은 있지만 열정이 없는 사람 중에 누가 업무성과를 낼 수 있을까요? 당연히 전자이며, 결과적으로 성공하는 사람 역시 후자가 아닌 전자입니다."

열정이란 온 몸의 세포 하나하나가 최상의 컨디션으로 활발히 움직이면서 내면이 갈망하는 일을 실현시키는 원동력이다. 따라서 충분한 열정이 있어야만 최대의 성과를 낼 수 있고 큰 성공을 거둘 수도 있다.

반대로 열정이 없는 사람은 성공하기 힘들다. 역사를 살펴보면 음악가, 예술가 혹은 정부 지도자였던 수많은 위인들은 늘 적극적이고 열정적이었음을 확인할 수 있다. 세상은 이처럼 열정이 있는 사람들의 손을 들어준다. 삶이 끝나는 그 순간까지 이들의 열정은 결코 식지 않았을 것이다. 그렇기 때문에 열정으로 가득 찬 사람들은 아무리 큰 어려움을 만나더라도, 미래가 아무리 어두워보일지라도 마음속 꿈을 이루고 마는 것이다.

열정이 넘치는 사람은 다른 사람이 생각지 못하는 일들을 생각해내고, 보지 못하는 것을 볼 수 있다. 남들이라면 할 수 없는 일을 해내고, 견디지 못할 좌절을 이겨낸다. 이 뿐만이 아니다. 나쁜 것을 좋은 것으로 만들고, 무에서 유를 창조하며, 보잘것없는 것을 최고로 만드는가 하면 불가능한 것도 가능케 하는 능력까지 갖고 있다. 한마디로 말해, 열정적인 사람은 근심, 피로, 모든 좌절과의 싸움에서 승리하여 자신이 원하는 목표를 이루고 성공한 인생을 살 수 있다.

미국의 어느 백화점에서 근무하는 애쉴리Ashley는 대단한 열정을 가지고 늘 열심히 일했다. 그가 근무하는 부서는 관련 업체나 부서의 요청만 들어주면 됐기 때문에 특별한 전문기술을 요하지 않았다. 그러나 애쉴리는 언제나 자발적으로 가장 적합한 공급업체를 찾아나서는 등 수고를 마다하지 않았다. 덕분에 백화점은 많은 경영자금을 절약할 수 있었을 뿐 아니라, 어떤 때는 급하게 필요한 백여 종의 상품도 쉽게 확보할 수 있었다.

애쉴리의 노력과 성과는 가히 놀라웠다. 그는 스물다섯 살이 되던 해에, 백화점이 정기적으로 사용하는 물품 약 4분의 1을 구입하면서 무려 100만 달러에 달하는 경비를 절감했다.

상사는 이 소식을 듣자마자 봉급을 인상해줬다. 그 후, 점점 더 많은 임원들에게 노력을 인정받아 서른여섯 살 때는 백화점의 부사장으로 승진할 수 있었다. 당시 그의 연봉은 60만 달러였다.

나폴레온 힐은 "나를 성공으로 이끈 가장 중요한 힘은 제2의 어머니라 할 수 있는 열정이었다."라고 말했다.

성공이란 열정의 도움 없이는 불가능하다. 만약 당신이 모든 열정을 일에 쏟아 부을 수 있다면 어떤 일에 종사하든지 신비한 힘을 얻게 될 것이다. 이 힘이 발휘되면 어떤 어려움도 헤쳐나갈 수 있다. 그러므로 열정적인 마인드는 성공을 꿈꾸는 사람이라면 반드시 갖추어야 할 필수조건이자 가장 빨리 목표에 도달하게 해주는 에너지라 할 수 있다.

✐ 실천을 위한 조언

일과 생활에 열정이 없는 사람은 행운의 여신이 모든 행운을 가져다주더라도, 그것이 자신의 '성공을 위한 행운'이자 목표에 도달하기 위한 발판이라는 사실을 전혀 깨닫지 못할 것이다.

04

근면 :
목적으로 향하는 계단

"부지런한 사람은 결코 실패하지 않는다." "부지런하면 유익하나 놀기만 하면 이로울 리 없다." 이들이 공통적으로 말하고 있는 것은 무엇일까? 단 하나, '사람은 근면 성실해야 한다'이다. 부지런하게 열심히 땀 흘려 밭을 가꿔야만 탐스럽고 먹음직스러운 열매가 열리는 법이다. 아무리 기름진 밭이라도 주인이 농사일은 뒷전이고 놀고먹기만 한다면 탐스러운 열매는 열리지 않는다.

근면이란 우리가 늘 강조하는 미덕의 하나이다. 그만큼 주변에서 근면함과 관련된 수많은 이야기를 쉽게 접할 수 있다.

아인슈타인은 "나는 천재성과 근면성 중에서 조금도 망설이지 않고 근면을 선택하겠다. 근면은 이 세상 모든 성과물의 촉진제와 같다."라고 말했다. 역사적으로 근면하기로 유명한 인물이 꽤 많은데, 마르크스Karl Heinrich Marx도 그 중 하나이다. 그는 《자본론》을 집필할 때 1,500

여 종의 책을 연구하여 유럽 주요국가의 언어를 익혔으며, 20쪽의 영국 노동법에 관한 내용을 집필하기 위해서는 도서관에 비치된 영국과 잉글랜드의 조사위원회, 공장시찰단 보고서 내용이 들어있는 책이란 책은 다 읽었다. 수십 년을 하루도 빠지지 않고 런던 대영박물관에서 책과 씨름을 하다 보니, 그가 늘 앉던 자리는 심지어 바닥 시멘트가 벗겨지기까지 했다.

인간이 유인원과 다른 점은 근면하다는 것이다. 영국 케임브리지 대학은 본교 출신 노벨상 수상자들을 대상으로 조사를 실시한 결과, 그들은 천재가 아니라는 결론을 내렸다. 조사 대상자들은 중고등학교 때 열심히 공부해서 순조롭게 대학에 입학하고, 대학에서도 열심히 공부하여 우수한 성적으로 졸업할 수 있었다. 사회에 진출한 후에도 맡은 일에 몰두하여 최선을 다한 결과 이들 중 일부는 과학과 경영을 결합시키는 데 성공하기도 했다. 이들 대부분은 부지런하고 성실하게 연구에 몰두하여 눈부신 성공을 거두고, 그에 따라 명예와 이익을 동시에 거머쥘 수 있었던 것이었다.

창업 당시 빌 게이츠는 동업자와 매일 16시간 이상 일했으며 유명해진 후에도 매일 열심히 일하기는 마찬가지였다. 사회 활동 때문에 아무리 바빠도 언제나 노트북을 들고 다닐 정도였다.

근면은 성공으로 가는 계단이며 성공은 근면의 산물이다! 근면은 우리의 앞날을 가로막고 있는 장애물을 제거하여 어려움 속에서 벗어나게 해줄 것이며 풍성한 수확의 기쁨 또한 안겨줄 것이다. 흐르는 물은 썩지 않는 법이다. 근면할 때 우리는 비로소 성공의 기쁨을 맛볼 수 있다.

자신이 남과 똑같아서는 결코 원하는 목적을 이루는 기간이 길어지고 성공 또한 늦어질 수밖에 없다. 하루 일과를 조금만 빨리 시작해 보도록 하자. 아침 30분이면 몇 가지 사소한 일을 또는 적어도 작은 일 하나는 할 수 있는 시간이다. 따라서 가정에서 직장에서 하루를 먼저 시작하려는 목표를 세워보자.

또한 근면한 사람의 특징은 꾸준히 노력하는 습관과 자투리 시간을 잘 활용한다. 오늘부터 목적을 위해 성공할 때까지 계속 하면 성공한다는 신념으로 주어진 일부터 최선을 다하라.

✒ 실천을 위한 조언

누구나 성공의 끈을 손에 쥐고 있으므로 시간의 소중함을 알고 성실한 땀을 흘리며 열심히 노력하면 누구나 성공을 거둘 수 있다. 이것은 무엇을 의미하는가? 탄식, 몽상, 자기연민은 아무 소용이없다는 뜻이다. 단지 열심히, 인생의 목적 하나만을 위해 실천하면 된다.

05

행동 :
가장 근본적인 힘

사람들은 성공을 위해서 희생도 마다않으며 실패해도 계속 도전한다. 대충 노력해서 성공하는 법이란 없다. 만약 운이 좋아 성공했다면 그 성공은 얼마 안 가서 감쪽같이 사라져버릴지도 모른다. 성공은 땀과 눈물로 핀 한 송이 꽃이요, 인생의 굴곡이 만들어낸 기적이다. 그리고 성공이란 행동이 만드는 것이다! 그러므로 성공은 생각을 행동으로 옮기는 사람에게만 찾아오게 되어 있다.

✍ 미국의 시인 롱펠로우Henry W. Longfellow는 "아무리 그럴듯해도 미래를 신뢰하지 마라. 죽은 과거 또한 잊어버려라. 그리고 살아있는 현재에 행동하라."라고 말했다. 실패한 사람들은 누구나 "……했어야 했는데."라고 입버릇처럼 말하며 후회하곤 한다.

사람들은 종종 "그때 그 사업을 시작했더라면 일찌감치 큰돈을 벌었을 거야!"라고 말한다. 훌륭한 목표가 이뤄지지 않았다는 것은 무척 안타까운 일이므로 평생 못 잊는 게 어찌 보면 당연하다. 정말 끝까지 실천했다면 성공했을지도 모르는 일이고, 이렇게 상상하는 것도 개인의 자유이다. 그러나 상상만 해서는 성공할 수 없다!

어떤 대기업에서 재무관리를 담당할 인재를 모집했다. 급여, 대우 모두 좋은 편이어서 지원자가 상당히 많았다. 여러 차례 심사를 거쳐 선발된 5명이 사장실에서 최종 테스트를 받게 되었다.

사장은 사무실 한 귀퉁이에 앞뒤로 나란히 놓인 커다란 캐비닛 두 개를 가리키면서 말했다. "이틀 안에 바깥쪽 캐비닛을 옮기지 않은 상태에서 다른 사람의 도움 없이 안쪽에 놓인 캐비닛을 사무실 바깥으로 옮길 수 있는 방법을 찾아오세요. 결과를 보고 어떤 분을 선발할지 결정하기로 하죠."

지원자 5명은 합하면 족히 500kg은 될 것 같은 캐비닛과 서로의 얼굴을 번갈아 쳐다보면서 왜 이런 해괴한 문제를 냈는지 이해가 안 간다는 표정을 지을 뿐이었다. 그러나 사장의 표정이 너무나 진지했기 때문에, 절대로 움직일 것 같지 않은 캐비닛을 어떻게 옮길지 이내 궁리하기 시작했다. 그러나 워낙 까다로운 문제여서 어찌해야 좋을지 막막하기만 했다.

이틀 뒤, 4명의 지원자가 머리를 쥐어짜서 가까스로 생각해낸 방법을 들고 나타났다. 지렛대를 이용한다, 도르래를 사용한다, 여러 개로 쪼갠다…… 등의 갖가지 방법을 제시했지만 사장은 전혀 관심 없다는 듯 고작 대충 훑어보는 게 다였다. 그때 마지막 지원자가 사무실로 들어왔다. 빈손으로 들어온 그도 뾰족한 수가 있어 보이지는 않았다. 그는 곧장 캐비닛이 있는 쪽으로 걸어가더니 손잡이를 잡고 앞으로 끌어

당기기 시작했다. 그러자 놀라운 일이 벌어졌다. 그 무거운 캐비닛이 너무나 가볍게 움직였다. 알고 보니 캐비닛은 일반 철제 제품처럼 보이도록 바깥을 칠한 것일 뿐, 실제 중량은 몇 kg에 지나지 않는 초경량 제품이었다. 마지막 지원자는 아주 가볍게 캐비닛을 사무실 밖으로 옮겼다. 이제 승패는 판가름이 난 것이나 다름없었다.

사장은 미소를 지으며 나머지 사람들에게 말했다.

"여러분도 방금 확인하셨듯이 이분이 고안해낸 방법이 가장 훌륭하군요. 방법만 생각해낸 게 아니라 직접 행동까지 보여주었으니 금상첨화가 따로 없군요!"

빈 수레가 요란한 법이다. 시도 때도 없이 이런저런 말로 자신을 보기 좋게 포장하는 사람은 많지만, 직접 행동으로 보여주는 사람은 거의 없다. 말보다는 행동이 앞서야 한다는 사실을 명심하자.

생각이란 머릿속에 숨어서 좀처럼 모습을 드러내지 않는다. 반면 행동은 실제로 눈에 보이는 움직임이기 때문에 다른 사람들이 직접 그 성과를 확인할 수 있다. 생각이 부싯돌이라면 행동은 부시 즉, 쇳조각에 해당한다. 부싯돌과 부시가 부딪혀야 성공이라는 불꽃이 생기지 않겠는가?

공상가는 뜬구름 잡기 식으로 탁상공론, 상상, 갈망에만 열중하지만 실천가는 다르다. 지속적이고 목표가 있는 행동을 일관적으로 취하기 때문이다. 반면, 공상가는 행동으로 옮기는 경우가 극히 드물고, 설사 행동으로 옮긴다 하더라도 얼마 되지 않아 게으름을 피우기 일쑤다. 하지만 실천가는 목표가 있어서 충분히 삶을 변화시킬 수 있는 능력을 갖춘 사람이다. 회사를 설립하고, 성실하게 근무하며, 자기 건강을 관리하는 일에 이르기까지 실천가라면 어떤 일이든 완수할 수 있다. 그러나 공상가는 늘 그 자리에서 머릿속으로 생각만 할 뿐, 직접 행동하는 것이야말로 목표에 도달하기 위한 기본임을 모른다.

생각만 하고 몸을 움직이지 않으면 백일몽에 불과할 뿐이다. 어떤 수확도 거두어들일 수 없고, 최종 목적지에 도달하는 것은 더더욱 불가능하다. 착실하게 행동을 취해야만 그에 상응하는 성과도 거두고 목표도 이룰 수 있다.

말로만 듣던 남해를 두 눈으로 직접 보고 싶은 스님이 있었다. 비록 남해에서 너무나 멀리 떨어진 곳에 살고 있었고 수중에 돈도 한 푼 없었지만, 그래도 언젠가는 꼭 보러 가겠다는 굳은 신념을 버리지 않았다.

스님은 시주를 받으며 한 걸음 한 걸음씩 남해를 향해 가기로 했다. 그러던 어느 날, 우연히 어떤 마을의 부잣집에 들르게 되었다. 부자는 스님에게 "시주 받아서 뭐하시게요?"라고 물었다. 그러자 스님이 힘주어 말했다.

"남해를 보러 가려고요."

부자는 큰 소리로 웃으며 비아냥거렸다. "탈것도 하나 없고 시주받아 끼니를 해결하는 처지에 남해에 가겠다고요? 나도 남해를 보러가야겠다고 생각한 지는 벌써 몇 년 됐소만, 아직까지 감히 엄두도 못 내고 있소. 스님처럼 가난한 사람은 남해에 도착하기도 전에 지쳐 쓰러지거나 굶어죽기 십상이오. 그러니 일찌감치 절간으로 돌아가 편안히 사시구려!"

스님은 부자의 말에 전혀 아랑곳하지 않고 꿋꿋하게 말했다.

"언젠간 남해에 가고 말 것이오."

몇 년 뒤, 스님은 마침내 꿈에도 그리던 남해를 직접 볼 수 있었다. 돌아오는 길에 다시 부자의 집에 들르게 되었는데, 스님을 비웃던 그 부자는 여전히 남해로 떠날 준비만 하고 있었다.

어떤 꿈이든 그저 생각만 한다면 아무런 소용이 없다. '만약에 ······ 라면' 하고 생각만 하다 보면 결국 우리를 기다리는 것은 시간 낭비와 실패밖에 없다.

공상가는 종종 뭇사람들의 비웃음을 산다. 시도 때도 없이 그럴 듯한 자신의 이상과 목표를 떠들어대지만 실제로 그것을 이루기 위한 노력은 전혀 하지 않기 때문이다. 말할 때만큼은 너무나 적극적이고 용감하다. 그러나 이들의 이상에는 행동과 실천이 빠져 있기 때문에 비현실적이다. 또한, 자신이 세상을 구원할 수 있을 것이라 믿기 때문에 공상가는 유치하다고도 할 수 있다. 그런데 아이러니컬하게도 정작 세상은 그렇게 생각하지 않기 때문에 공상가를 기다리고 있는 건 늘 실패뿐이다.

부富라는 것은 하늘에서 뚝 떨어지는 게 아니다. 행동을 취할 때 비로소 넉넉한 자산을 가질 수 있다. 늘 마음속으로 동경만 하고 행동하지 않으면 이미 세워놓은 계획도 세월 따라 무의미해질 것이다. 성공하고 싶다면 대담하게 '생각'하고 과감하게 '행동'하라! 여기서 대담하게 '생각'하라는 것은 '공상'을 하라는 뜻이 아니라 명확한 목표를 세우고 꼼꼼한 실천 계획을 세우라는 것이다. 생각과 행동을 결합시켜 용감하게 실천해야만 성공을 쟁취할 수 있다.

중요한 일이라면, 그리고 당신이 꼭 하고 싶은 일이라면 지금 당장 시작하라! 바로 지금 당신의 모든 에너지를 쏟아 부어야만 만족할 만한 결과를 얻을 수 있다. 무엇보다 중요한 것은 실패 여부는 생각하지 말라는 것이다. '만약에'란 없다. 당신이 행동하기만 한다면 반드시 최종 목표에 도달할 수 있을 것이다.

마르코 폴로^{Marco Polo}처럼 여행가나 모험가가 되어 세계일주를 하겠다는 꿈을 가진 사람이 있었다. 그에게는 망망대해와 끝없이 펼쳐진 사막을 직접 느껴보고, 해질녘 나일 강가 피라미드의 묘한 매력과 안개 속 히말라야 산의 신성함을 맛보겠다는 소망이 있었다. 하지만 당장은 돈이 없어 백만장자가 된 후에 여행을 시작하겠다고 마음먹었다. 그런 그에게 누군가 다음과 같은 두 가지 질문을 던졌다. 하나는 "만약에 평생토록 백만장자가 되지 못한다면 어떻게 하겠는가?"였고, 다른 하나는 "백만장자가 되었는데, 이미 너무 늙어버린 후라면 어떻게 하겠는가?"였다. 사실 가장 좋은 방법은 바로 지금 떠나는 것이다. 도중에 남의 도움을 좀 받으면 어떤가? 그래도 꿈을 실현할 수 있지 않은가?

꿈은 결코 우리를 기다려주지 않는다. 다른 조건을 만족시키고 나서 이루겠다는 건 사실상 불가능하다. 바로 이런 이유 때문에 많은 이들이 결국 평생을 같은 자리에서 맴돌다가 인생의 다채로움을 만끽하지 못하는 것이다.

✎ 실천을 위한 조언

그냥 이렇게 사는 것이 좋은데, "내가 바뀐다면 얼마나 바뀌겠어"하는 마음가짐은 버리자. 꿈과 계획이 있다면 즉시 행동으로 옮기자. 인생의 일분일초가 소중하다면 지금 바로 움직이자.

The Power of Purpose 나를 이끄는 목적의 힘

분명한 목표를 가져라. 이 목표가 구체적이고도 확실한 것이 될 때까지 갈고 닦아라. 그것
을 항상 당신 마음속에 간직하라. 그러면 당신은 어디로 기든지 그것을 잊지 않을 것이다.
목표는 계속적으로 적극적인 생각과 믿음과 행동이 필요하다. 이것이 바로 성공의 길이다.
-노만 V. 필

제7장

목적을 현실에 맞게 추구하라

처세의 지혜란
요리에 필요한 소금이나 운전할 때
필요한 기술처럼, 인생에서 절대로
없어서는 안 될 요소이다.

인생을 살다보면 어쩔 수 없이 다양한 사람들과 관계를 맺어야
할 때도 있고 예측 불허한 상황과 맞닥뜨리게 될 때도 있다. 그
러므로 각자의 목표를 실현하기 위해서는 머리를 써서 방법을
연구해야 한다.

결정적인 순간에
아량을 베풀자

사람은 감정의 동물이기 때문에 가는 정이 있으면 오는 정도 있는 법!
당신이 배려한 만큼 상대방도 반드시 보답하게 되어 있다.

대인관계를 맺을 때 적절히 타인을 배려하면 난처한 상황에 처한 사람을 구할 수 있다. 은혜를 입은 쪽은 당연히 감사하게 될 것이며, 이는 좋은 인간관계 형성에 도움이 된다.

쥐도 궁지에 몰리면 고양이를 무는 법인데, 하물며 사람은 어떻겠는가! 궁지에 몰린 쪽은 필사적으로 덤빌 수밖에 없다. 만약 결정적인 순간에 타인에게 한 번 더 기회를 주는 아량을 베푼다면 어떻게 될까? 은혜를 입은 쪽은 감동하여 협조적으로 나올 것이고, 그렇게 되면 당신이 성공할 수 있는 기회도 따라서 늘어날 것이다. 그러므로 여러 가지 가능성을 충분히 고려해서 현명하게 행동해야지, 어리석게 일을 수습할 수 없는 지경까지 몰고 가서는 안 된다. 자기 자신에게든 타인에게든 결코 도움이 되지 않기 때문이다.

　사람과 사람의 관계는 대개 비슷하다. 아이가 잘못을 저질렀을 때 부모가 만회할 기회를 주지 않는다면? 상사가 어쩌다 실수했을 때 부하직원이 계속 꼬투리를 잡는다면? 부부가 다툰 후 다시는 서로에게 기회를 주지 않는다면? 결국은 갈라서는 길밖에 없다. 이것이 우리가 원하던 결과였을까? 대답은 'NO!'다. 이런 끔찍한 결과가 초래된 것은 바로 아량을 베풀지 않았기 때문이다. 사실 누군가에게 아량을 베푼다는 것은 매우 쉬운 일이다. 따뜻한 눈길 한 번 보내는 것, 물 한 잔 건네는 것, 또는 말 한마디 건네는 것처럼 지극히 사소한 일에서 시작된다. 말 한마디의 위력을 가볍게 보면 안된다! 때로는 무심코 던진 한마디 말이 심각한 갈등의 원인이 되기도 한다. 상처가 되는 말 한마디는 다른 사람의 생명을 앗아갈 수도 있다. 반대로 시의적절한 말 한마디는 화해무드를 조성할 수 있으며, 진정한 마음에서 우러나오는 한마디 말은 타인의 상처를 감싸 안고 치유해줄 수도 있다. 이것이 바로 아량을 베풀었을 때 나타나는 위대한 효과이다.

　끊임없이 변화하는 다원화된 21세기에 살아남아 자아발전을 이루려면, 사람들과 계속해서 부딪히며 교감하는 것은 필수이다. 아량이란 사람과 사람 사이의 윤활유와도 같다. 현명하게 처신할 수 있도록 이끌어주는 길잡이이자 유익한 벗이기도 하다. 그러므로 어떤 상황에서든 타인에게 아량을 베풀 줄 아는 사람이 되어야 한다. 타인을 막다른 골목으로, 심지어 사지로 몰고 가면 철천지원수만 늘어날 뿐이다. 이러한 결과는 어느 누구에게나 좋을 게 없다.

　일본 파나소닉의 창립자인 마쓰시타 고노스케는 선진 경영방식으로 업계 내에서 명성이 자자하다. 마쓰시타 고노스케 회장은 특히 넓은 아량을 가진 사람으로 유명하다. 한편 고토다後騰淸一는 원래 산요三洋전기의 부사장이었지만 마쓰시타 회장의 고명함을 흠모하여 회사를 옮겨 그의 밑에서 일하기 시작했다. 갓 공장장으로 부임한 고토다는 의욕적으로 공장을 이끌어나가려 했으나 뜻밖에 큰 문제를 일으키고 말았다. 화재로 인해 공장이 한 줌의 재로 변해버린 것이다. 회사에 막대한 손실을 입힌 고토다는 회사에서 쫓겨나는 것은 물론 형사상 책임을 지고 감옥에 들어가야 한다는 생각으로 두려움에 떨고 있었다. 이제 자신의 인생은 완전히 끝났다고 생각했다. 고토다는 마쓰시다 회장이 부하직원의 과실을 그냥 보아 넘길 리 없다는 점과 때로는 작은 일을 가지고도 화를 낸다는 것을 익히 알고 있었다. 그런데 상황을 보고받은 마쓰시다 회장은 뜻밖에도 책임을 추궁하기는커녕 오히려 고토다에게 다음과 같은 격려의 말을 전했다. "실수는 잊고 더 분발하게나."

　고토다는 감동의 물결로 가슴이 훈훈해지는 것을 느꼈다. 이번 화재로 어떠한 처벌도 받지 않아 내심 너무나 송구스러웠던 그는 예전보다 훨씬 더 열심히 일했다. 회장의 충직한 부하가 되어 은혜를 갚기 위해서 말이다. 그 결과 그는 화재로 잃어버린 공장의 가치를 훨씬 뛰어넘는 이익을 회사에 안겨줄 수 있었다.

　궁지에 몰린 사람에게까지 아량을 베푸는 데 인색하면 반감만 살 뿐이다. 반대로 너그럽게 아량을 베풀면 상대방은 체면도 살리고 자존심도 지킬 수 있다. 무엇보다 당신에 대한 호감도가 급상승할 것이다. 이는 향후 당신과 상대방과의 관계에, 더 나아가서는 당신의 성공에까지 큰 영향을 미치게 될 것이다.

결정적인 순간에 다른 사람의 입장에서 생각해보는 건 어떨까? 바른 말이라도 조금 더 부드럽게 말하고 아량을 베풀어보자. 이것이야말로 소중한 미덕이라는 사실도 기억하자. 언제든 예상치 못한 일이 발생할 수 있다. 남에게 기회를 주는 데 인색한 사람은 그 인색함으로 인해 자신에게도, 남에게도 상처를 줄 수 있다. 컵에 여유 공간이 있어야 물을 더 따르더라도 넘치지 않으며, 풍선에도 여유 공간이 있어야 바람을 더 넣더라도 터지지 않는다. 성공하고 싶다면 결정적인 순간에 타인에게 기회를 제공하자.

🖋 실천을 위한 조언

살다보면 누구나 함정에 빠질 수 있다. 그러므로 다른 사람이 곤경에 처했을 때 알량한 자존심과 허영심 때문에 상대를 더 힘든 상황으로 몰고 가지 말고 그의 입장에서 고려해보자. 타인의 불행을 자신의 행복으로 여겨, 그 사람을 더 힘들게 만들 것인가? 아니면 아량을 베풀 것인가? 이는 당신의 선함과 지혜를 판단하는 중요한 문제이다.

눈높이를 낮추고
낮은 일부터 시작하라

"가고 싶은 데서는 오라는 얘기가 없고, 오라는 데는 또 가기 싫다."
이는 취업을 준비하는 사람들의 현주소이다. 좋은 직장에서 근무하고
싶은데 능력이 안 되니 오라는 이 없고, 지금 당장이라도 받아주겠다
는 직장은 성에 차지 않아서 안 간다. 그러나 요즘처럼 경쟁이 치열할
때는 생각을 전환할 필요가 있다. '오라는 곳에서부터 시작해보자'는
얘기다. 경험과 실력이 쌓이면 나중에는 진짜 가고 싶은 곳으로 갈 수
있지 않겠는가!

석유왕 록펠러John Davison Rockefeller
는 가난한 집안에서 태어났다. 석유회사에 처음 입사했을 때 내세울 만
한 학벌도 기술도 없었기 때문에 '세 살짜리도 할 수 있는' 석유통 뚜
껑의 용접 상태를 검사하는 일부터 시작했다. 일이 너무 시시해 참을
수 없었던 록펠러는 보름 만에 상사를 찾아가 다른 업무를 맡게 해달라
고 요청했다. 그러나 보기 좋게 거절만 당했다. 그 후 그는 본격적으로
석유통 뚜껑의 용접 상태를 자세히 살피고 용접제를 떨어뜨리는 속도

와 양을 꼼꼼하게 계산하기 시작했다. 그 결과 뚜껑 하나를 용접하는 데 39방울이 아니라 38방울만 있어도 충분하다는 사실을 알아냈다. 테스트와 실험을 여러 차례 반복한 뒤, 록펠러는 마침내 '38방울'만 사용하는 용접기를 발명해냈다. 뚜껑 하나당 줄어드는 용접제는 겨우 1방울뿐이었지만, 1년이 지나자 수억 달러의 지출을 줄일 수 있었다. 이렇게 성공의 첫걸음을 내딛은 록펠러는 계속 과감하게 성공을 향해 꾸준히 나아갔다.

'천리 길도 한 걸음부터'라고 했다. 자세히 살펴보면 성공한 사람들도 실은 사소한 일부터 시작했다는 사실을 발견할 수 있다. 경쟁이 치열한 사회에서는 최고의 주가를 달리던 사람도 한순간에 나락으로 떨어질 수 있다. 그만큼 인생이란 예측불허하다. 그럴 때는 바닥에서 시작할 수 있는 용기만이 희망이 될 것이다.

따라서 성공하고 싶다면 작은 일부터 시작해야 한다는 사실을 기억하자. 또한 자신의 목표가 무엇인지 늘 염두에 두고 있어야 한다. 미국 강철왕 카네기는 "성공하기 위한 기본 조건과 가장 중요한 비결이란 정신과 자본을 지금 하는 일에 집중시키는 것이다. 일단 시작했으면 무슨 일이든 성과와 발전이 있어야 한다."라고 말했다. 그는 사무실의 청소부 일부터 시작한 사람이다. 알고 보면 수많은 유명 기업가들도 아주 작은 일부터 도맡아 하며 천천히 성공을 향해 나아갔다. 일본 굴지의 자동차 기업인 혼다本田의 창시자 혼다 소이치로本田宗一郎 역시 젊었을 때는 평범한 수리공에 불과했다.

평생 무슨 일을 하든지 결코 이상만 높아서는 안 된다. 원대한 꿈을 이루고 싶다면, 먼저 작고 보잘것없는 일부터 시작하자. 높은 건물을 짓기 위해서는 튼튼한 기초공사 필요하고, 나무가 하늘에 닿을 듯 높이 자라려면 뿌리가 튼튼해야 한다. 큰 뜻을 품은 사람은 자기 자신을 단련하는 일부터 해야 한다.

눈만 지나치게 높은 사람은 자신의 성공 전략이 잘못되었음을 깨닫지 못한다. 과정을 생략하고 종착점에만 도달하려 하고, 어려움 없이 고상하고 우아한 생활을 누리려고만 하고, '대박'을 터뜨려 편안한 삶을 살기만 고대하고 있으니 늘 '아름다운 꿈속'에서 헤어 나올 수 없는 것이다. 원대한 목표가 있으면 반드시 그에 따른 실천 전략이 수반되어야 한다. 남들보다 훨씬 뛰어나고 싶다면, 한 수 아래에서 시작해보자! 결코 아무런 발전 없이 제자리걸음을 하거나, 삶을 더 힘들게 만드는 방법이 아니다. 이것이야말로 성공으로 가는 출발점인 동시에 진정한 고수들의 전략임을 기억하라.

역사적으로도 이러한 예는 상당히 많다. 나폴레옹^{Napoleon Bonaparte}도 군대에서 포병부터 시작했고 찰리 채플린^{Charles Chaplin} 역시 처음에는 단역 배우에 지나지 않았다. 마이클 조던^{Michael Jordan}도 원래는 주전자나 열심히 나르던 벤치 선수였다는 것을 알고 있는가? 이들도 처음에는 이름 없는 평범한 사람이었지만 갖가지 시련을 딛고 일어나서야 비로소 유명인사가 된 것이다. 건물을 지을 때 기초공사가 튼튼해야지, 그렇지 않으면 곧 무너져버리는 것과 같은 이치다.

비즈니스에 성공한 사람들 역시 마찬가지이다. 가난한 가정에서 태어나 수백만에 달하는 자산을 거느리게 되기까지 작고 사소한 성공의 조각을 소중히 모았기 때문에 이것이 모여 큰 성공의 모자이크를 완성할 수 있었던 것이다. 이발사든 구두 수선공이든 무슨 일이든 좋으며,

지금 좋지 않은 대우를 받는다고 해서 영원하리란 법도 없다. 일단 어느 정도 경험을 쌓게 되면 승승장구하여 성공한 인사로 거듭날 수 있을 것이다.

버릴 때는
과감히 버려라

'미련 없이 버리는 것'도 깨달음의 실천이요, 지혜이다. 세상을 살다보면 너무나 많은 문제들이 우리를 괴롭힌다. 버릴 줄 알아야 불필요한 무게를 덜어내 더욱 힘차게 인생의 도전에 맞설 수 있고, 또 그래야만 최종 목적지에 도달할 수 있다.

　　　　　　　　　　살다보면 잃는 때도 있고 얻을 때도 있다. 어떤 것들은 한 번 잃어버리면 다시는 돌아오지 않기도 한다. 지극히 자연스러운 현상이다. 만약 득실에 연연하지 않는다면 마음의 먹구름이 걷히면서 더 많은 햇빛이 쏟아지는 것을 느낄 수 있을 것이다.

프랑스의 한 잡지사가 퀴즈 대회를 열었다. "프랑스 최대의 루브르 박물관에 화재가 발생했는데 단 한 점의 그림만 가지고 탈출할 수 있다면, 당신은 어떤 그림을 선택하겠는가?"라는 질문을 비롯해 여러 가지 문제가 출제되었다.

‘레오나르도 다빈치Leonardo da Vinci의 대표작인 모나리자’를 선택하겠다는 수천만 명의 대답과 달리, 최고의 답변으로 선정된 프랑스의 유명한 작가 쥘 베르네Jules verne의 대답은 아주 신선했다.

“출구에서 가장 가까운 그림을 가지고 나오겠소.”

이 이야기는 ‘성공하는 불변의 진리란 포기할 줄 아는 것’이라는 소중한 교훈을 시사한다. 가장 가치 있는 것이 아니라 실현될 가능성이 가장 큰 것을 잡으란 뜻이다. 다시 말해, 포기할 줄 모르는 사람은 최고로 가치 있는 것을 찾아 헤매기만 하다가 빈손으로 돌아갈 수밖에 없다.

현명한 사람은 사사로운 득실에 목숨 걸지 않으며 명예와 이익에 과민하게 반응하지 않기 때문에 돈의 노예가 되지 않는다. ‘있다가도 없는 것’을 삶의 자연스러운 현상으로 받아들이는 낙천적인 사람만이 세속적인 짐을 훌훌 털어버리고 가벼운 마음으로 성공을 향해 더 바짝 다가갈 수 있다.

어떤 노인이 차를 타고 여행을 가다가 새 신발 한 짝을 창문 밖으로 던져버렸다. 주변 사람들이 깜짝 놀라며 그 이유를 묻자, 그는 이렇게 말했다.

“이미 한 짝을 잃어버렸기 때문에 나머지 한 짝은 이제 아무런 의미가 없어요. 먼저 한 짝을 잃어버린 곳에서 멀지 않은 곳에 나머지 한 짝을 버리면, 누군가 주워서 신을 수도 있지 않겠어요?”

노인은 자신의 실망을 다른 사람의 희망으로 바꾸어놓는 지혜를 발휘했던 것이다. 아깝다고 가지고만 있느니, 차라리 버리는 편이 훨씬 낫지 않겠는가! 노인의 말을 듣고 있던 사람들의 얼굴에 감탄의 빛이 떠올랐다.

사실 인생이란 끊임없이 잃어가는 과정이다. 행복한 어린 시절을 잃어야 풋풋한 청소년기를 맞이할 수 있고, 아련한 청소년기가 끝나야 혈기왕성한 청년기가 찾아오는 법이다. 꿈같은 청년기가 지나야 비로소 성숙한 중년기로 접어들게 되는 법이고 세월 따라 우리도 조금씩 늙어가는 것이다. 만약 잃어버린 어린 시절 때문에 고민하고 낙담하면 끔찍한 청소년기를 보내게 될 수밖에 없다. 인생은 짧다. 끊임없이 잃어버리는 과정을 거치며 계속 앞으로 나아가는 것이다. 어제가 사라져야 활기찬 오늘을 맞이할 수 있고, 긍정적인 자세로 희망찬 미래를 꿈꿀 수 있다. 그래야 당신의 충실하고 의미 있는 삶을 살 수 있다.

만약 버리는 것을 주저한다면 짊어지고 가야 할 것들이 산처럼 많아질 것이다. 잃는 것에 지혜롭고 담담하게 이성적으로 대처해야만 무거운 짐에서 벗어나는 선물을 얻을 수 있다.

미련은 접고 욕심은 버리자. 지금 우리를 둘러싼 풍경이 눈부시게 아름답더라도 우리의 목표는 현재가 아니라는 사실을 기억하자. 아름다운 풍경의 유혹을 떨쳐버릴 수 있어야 마음속 변하지 않는 신념을 실현시킬 수 있다.

과거의 황홀함에 젖어있지 말라. 잠깐의 번뇌에 쓰러져 있지도 말라. 이 모든 것을 잊고 가벼운 마음으로 현실을 마주해보자. 현실의 소중함을 깨닫고 지금 우리가 갖고 있는 것의 중요함을 알아야만 행복과 즐거움을 맛볼 수 있다.

정기적으로 더러운 옷을 세탁해야 청결함을 유지하고 기분이 상쾌해지는 것처럼, 우리 마음도 정기적으로 청소해야 의미를 상실한 것들을 털어버릴 수 있다. 낡아서 못 입게 된 옷처럼 지금 당장 쓰레기통에

버려야 할 것도 있을 것이다. 이런 것들을 훌훌 털어버려야 건강하고 밝은 마음을 갖게 되어 몸과 마음이 하나 되고 생기 넘치는 사람이 될 수 있다.

🖋 실천을 위한 조언

당신이 가지고 있는 것을 언제까지나 전부 쥐고 있을 수는 없다. 그러므로 '버리는 법'을 배워야 한다. 어쩌면 가졌다고 생각하는 순간부터 잃어버리기 시작하는지 모른다. 또, 버렸다고 생각할 때 다시 얻게 될 수도 있다. 버릴 줄 알고, 희생할 줄도 알며, 초탈할 수 있도록 하는 것, 이것이 바로 인생의 목적이다.

나서야 할 때와 굽혀야 할 때를 알라

인생의 목적을 위해서 자신감은 필요하지만 자만심은 경계해야 한다. 안하무인眼下無人에 굽힐 줄도, 세상 무서운 줄도 모르는 사람은 화를 자초하기 쉽다.

작은 문으로 들어가려면 몸을 낮게 숙여야 하고, 산꼭대기에 오르기 위해서는 허리를 굽히며 준비운동을 해야 하는 것처럼 진정한 힘은 유연함에서 나온다. 특히 적당히 고개를 숙일 줄 알면 일이 훨씬 순조롭게 해결되어 빨리 성공할 수 있다.

우리가 익히 알고 있는 위인들 역시 굽혀야 할 때 굽힐 줄 알았기 때문에 훗날 크게 성공할 수 있었다. 한순간의 굴복은 영원한 굴복을 의미하는 것이 아니라 더 오랜 시간 동안 승승장구하기 위해 양보하는 것뿐이다. 한걸음 물러나는 것이 한걸음 더 나아가기 위함인 것과 마찬가지다. 앞뒤를 고려하지 않고 무조건 전진하고 보는 사람, 뒤로 물러설 줄 모르는 사람은 겉보기에는 용감한 것 같지만 실은 경솔하여 실패하기 쉬운 사람이다. 굽혀야 할 때를 알고 필요할 때 자신을 낮춰야만 지혜로운 사람이자 튼튼한 성공의 기반을 가진 사람이 될 수 있다.

　중국 전국시대의 전술가 손빈孫臏: 중국 병법의 원조로 불리는 손자(孫子)는 두 사람이다. 하나는 춘추시대 오(吳)나라의 손무(孫武)이고 다른 하나는 전국시대 제(齊)나라의 손빈이다..은 나서야 할 때와 굽혀야 할 때를 아는 사람이었다.

　손빈이 젊었을 때 귀곡자鬼谷子를 스승으로 모시고 위魏나라 방연龐涓 과 함께 병법을 배웠다. 방연은 이기적이고 질투가 많았지만 손빈은 너그러우며 순진하고 신중한데다 늘 열심히 병법을 익혔기 때문에 귀 곡자의 신임을 얻었다. 그리하여 훗날 귀곡자는 손자가 남긴 열세 편 의《손자병법》을 손빈에게 남겨주었다.

　질투가 심하고 속이 좁은 방연은 손빈이 자신보다 강해지는 것을 참 을 수 없었지만 속마음을 감추고 그와 의형제를 맺었다. 먼저 위나라 의 장수가 된 방연은 나중에 손빈을 부르겠다는 약속을 하고 떠났지만 중용된 후에도 약속을 지키지 않았다. 훗날 손빈의 재능이 위나라 혜 왕惠王에게까지 전해지자 그제야 마지못해 왕의 명을 받들어 손빈을 불 러들였다.

　손빈은 방연의 서신을 받고 고마운 마음에 당장 짐을 꾸려 위나라로 향했다. 오랜만에 손빈을 만난 방연은 거짓으로 반가움과 기쁨을 표시 하고 보살펴주었지만 오래지 않아 혜왕 앞에서 손빈이 제나라와 내통 하고 있다며 그를 모함했다. 화가 난 혜왕이 손빈을 죽이려 하자, 손빈 의 병법이 탐이 났던 방연은 의형제의 정을 핑계로 사형 대신 무릎 연 골을 없애는 형벌을 내려달라고 요청했다. 결국 사악한 방연 때문에 손빈은 앉은뱅이가 되는 고통을 겪어야만 했다.

그제야 손빈은 방연에게 속았음을 깨닫고 후회하기 시작했다. 그러나 나약한 인간은 아니었으므로 이를 악물고 살아남기로 했다. 방연의 손아귀에서 벗어날 틈을 엿보던 손빈은 미친 사람 행세를 하기 시작했다. 큰 소리로 울고 웃기를 반복하다가, 넋이 나간 사람처럼 멍하니 있기도 했다. 얼굴이 침으로 뒤범벅이 된 채 큰 소리를 지르며 날뛰기도 했다. 손빈이 미쳤다고 생각한 부하가 상황을 보고했지만 의심 많은 방연은 쉽사리 믿을 수 없었다. 그래서 손빈을 돼지우리에 가두라고 시킨 다음 그의 반응을 지켜보기로 했다. 손빈은 머리를 마구 풀어헤치고 돼지 분뇨 위에서 마구 날뛰었다. 처음에는 방연도 완전히 마음을 놓지는 않았지만 시간이 흐르면서 차츰 감시를 소홀히 하기 시작했다. 손빈은 매일 낮이면 미친 사람처럼, 알아듣지도 못하는 말을 중얼거리거나 울고 웃기를 반복하며 밖을 돌아다녔고, 밤이면 돼지우리로 돌아왔다. 시간이 좀 더 흐르자 방연도 그가 완전히 미쳤다고 믿기 시작했다.

훗날 제나라 위왕威王이 위나라 혜왕에게 사자를 보냈을 때 손빈은 이를 놓치지 않았다. 손빈을 만난 제나라 사자는 그가 예사 인물이 아니라는 사실을 단박에 알아차렸다. 그래서 그를 몰래 수레에 태워 제나라로 데리고 갔다. 제나라로 빠져나간 손빈은 드디어 자신의 재능을 마음껏 발휘할 수 있었을 뿐 아니라 방연을 죽여 원수도 갚았다.

역경에 처한 손빈은 목숨을 부지하기 위해 어쩔 수 없이 미친 사람 행세를 하여 방연을 속였고 마침내 기회를 틈타 위나라를 탈출할 수 있었다. 손빈의 이야기가 주는 교훈은 무엇일까? 자신의 최종 목표를 위해, 때로는 강자 앞에서 몸을 낮추고 때를 기다릴 줄도 알아야 한다는 것이다.

목적을 위해서는 급하게 일을 해야 할 때도 있지만 때로는 새로운 다음 목표를 위해서, 더 멀리 뛰기 위해서 휴식과 함께 여유로운 자세도 필요한 것이다. 그러므로 먼저 저를 알고, 남을 알고 끝으로 때를 알아야 한다.

✒ 실천을 위한 조언

나서야 할 때와 굽혀야 할 때를 아는 것은 미덕이자 처세의 중요한 원칙이다. 원대한 목적을 위해서 잠시 웅크리는 것이 더 크게 뻗어나가기 위함임을 안다면 성공은 당신에게 한 발짝 더 가까이 다가올 것이다.

나를 PR할 수 있는
기회를 잡아라

'백락伯樂이 있어야 천리마도 있다'는 말이 있다. 당신이 아무리 훌륭한 천리마라 해도 진가를 알아보는 백락^{말의 상을 잘 보는 명인}이 없으면 아무 소용없다는 뜻이다. 천리마는 많은데 백락은 오히려 드문 요즘 같은 시대에는 무조건 백락이 나타나주기만을 기다려서는 안 된다. 스스로 자신을 PR해야만 진짜 당신의 백락을 찾을 수 있을 것이다.

❦ 나폴레온 힐은 "우리에겐 삶을 선택할 권리가 있기 때문에 평범하고 지루한 인생을 바꿀 수 있다."라고 말했다. 숨이 턱까지 찰 만큼 힘든 순간이라면 자기 홍보를 도와줄 카드를 보내보자. 내가 직접 나만의 백락이 되어 필요한 순간에 자신의 PR을 해보자는 뜻이다.

삶이란 PR의 연속이다. 상품, 계획만 홍보하는 것이 아니다. 우리 자신도 홍보의 대상이 될 수 있다. 물론 누구나 자신의 PR 방법을 아는 것은 아니다. 하지만 모르면 배우면 된다. 적당한 시기에 자신을 PR할 수 있다면 향후 살아가는 데 상당한 도움이 될 것이다.

미국 강철왕 카네기는 "PR 기법을 알면 성공뿐 아니라 명예와 돈도 거머쥘 수 있다."라고 말했다. 자신을 PR하려면 남들보다 발 빠르게 더 많이 움직여야 한다. 사람의 잠재력이란 깊이 매장되어있는 금과 같다. 캐내기 전에도 금은 금이다. 그러나 끝내 발굴되어 빛을 보지 못한다면 가치 없는 돌멩이와 뭐가 다르겠는가? 다행히 사람이 금보다 나은 구석이 있다. 영리한 동물이기 때문에 수동적으로 기다리기만 하지 않고, 필요하면 자발적으로 기회를 찾아 나설 수 있다는 점이다. 그래야만 자기PR을 할 수 있으며 자신의 가치가 얼마나 되는지도 알 수 있다.

살다보면 자신이 좋아하고 아끼는 사람들을 많이 만나게 된다. 하지만 그보다 더 중요한 사람은 바로 당신 자신이다. 소중한 자신을 위해 기회를 포착하고 열심히 PR해보자.

쿠웨이트의 부유한 사업가 쿠르티바Coultiba는 남부러울 것이 없는 상류사회 사람이다. 그가 이렇게 성공할 수 있었던 것도 실은 기회를 찾고, 만들고, 필요할 때 자신을 PR했기 때문이다.

쿠르티바는 부유한 가정에서 태어나지 못했다. 그의 조부는 만(灣)에서 작은 돛단배를 가지고 장사를 했으며 쿠르티바가 성인이 되자 가업을 물려주었다. 그런데 불행히도 출항한 배가 침몰하는 사고가 발생했고, 무일푼이 된 쿠르티바는 연료 판매 중계 업무에 종사할 수밖에 없었다. 그러나 강한 의지의 소유자였던 그는 중계업에 만족하지 않고 이내 자신을 성장하게 해줄 새로운 기회를 모색하기 시작했다.

끊임없는 노력 끝에 그는 쿠웨이트에서 근무하는 지질학자와 조사

단에게 교통편과 숙소를 마련해주는 일을 찾아냈고, 그 덕분에 광석 채굴 업계에 대해 눈을 뜰 수 있었다. 당시 한 석유회사가 페르시아에 유전 개발 시설을 짓기 위해 많은 양의 자갈콘크리트를 필요로 했는데 현지의 자갈은 염분이 너무 높아 사용할 수 없었다. 그래서 쿠웨이트로부터 자갈을 공급받고자 했으나 운송수단이 마땅치 않아 계획에 차질이 생겼다. 쿠르티바는 이 소식을 듣고 기회가 찾아왔음을 직감했다. 당시 수중에 충분한 사업 밑천이 없었지만 그렇다고 포기할 그가 아니었다. 쿠르티바는 고심한 끝에 이라크 남동부에 있는 항구도시 바스라Basra에 있는 유대인 부호 세 명을 찾아갔다. 쿠르티바의 사업 계획은 그럴듯했지만 당시까지 이름도, 배경도 없던 그에게 아무도 선뜻 자금을 빌려주려 하지 않았다. 그럼에도 쿠르티바는 포기하지 않았으며, 오랜 설득 끝에 마침내 그들의 승낙을 얻어냈다.

사업 자금을 확보한 쿠르티바는 석유회사의 사업자 입찰에 참여하여 경쟁자들을 물리치고 당당히 입찰권을 따냈다. 그 후, 제1차 세계대전 때 영국군이 남기고 간 배를 비롯한 선박을 사들이고 200척의 작은 돛단배도 빌린 다음, 쿠웨이트와 이란의 아바단Abadan을 오가며 본격적으로 자갈을 운송하기 시작했다. 쿠르티바는 자신의 꿈을 이루기 위해 아무리 힘들고 어려워도 포기하지 않고 열심히 일했다.

1940년 자갈 운송 사업이 거의 끝나갈 무렵, 쿠르티바는 충분한 사업 기반을 확보할 수 있었다.

제2차 세계대전 당시 육로운송이 어려워지자 그는 이때를 놓치지 않고 경제력과 자기PR 노하우를 기반으로 선박 임대사업을 시작했다. 그리고 제2차 세계대전이 끝난 뒤에는 GM 자동차회사의 대리판매상으

로 변신했다. 매년 해외 주요 모터쇼가 열리는 곳이라면 어디든 달려
갔기 때문에 자동차 업무에 관해서도 모든 지식을 숙지할 수 있었다.
안 가본 모터쇼가 없을 만큼 세계 곳곳을 두루 돌아보았을 때 즈음, 그
는 사람들이 자동차의 외양이 아니라 성능에 더 많은 관심을 보인다는
사실을 발견했고 다시 한 번 이 기회를 이용해 관련 시장을 개척하기로
마음먹었다. 그 당시 주식이나 금 밀수 사업에 투자하는 것이 유행하
던 터라 주변에서도 여러 사람이 쿠르티바에게도 투자를 권유했지만,
그는 반드시 성공하리라는 자신이 있었기 때문에 정중히 거절하고 자
신의 길을 걸었다. 이 같은 노력에 힘입어 마침내 쿠르티바는 꿈에 그
리던 성공을 자신의 것으로 만들 수 있었다.

쿠르티바는 "모든 것을 가진 남자라면 운명의 선물이 무엇인지 고민
해봐야 한다."라는 말을 남겼다. 무일푼에서 자갈 운송을 거쳐 자동차
판매업자로 성공하기까지, 그의 성공신화는 직접 기회를 찾아 나서고,
만들고, 여기에 효과적인 자기 PR까지 더해 일궈낸 것이었다.

✒ 실천을 위한 조언

오늘날은 주위 사람들에게 자신을 다양한 방법으로 홍보하고 표현하는 자
기 추천이 필요한 시대이다. 스스로가 천리마라는 생각이 들면 일찌감치
자신을 PR해서 성공을 향해 달려가 보자.

재능을 감추고
때를 기다리자

한걸음 물러나는 것은 한걸음 더 나아가기 위함이다. 지금 물러나는 것은 향후 더 힘차게 전진하기 위함이다. 능력을 감춘 채 경쟁자, 혹은 상대방이 해이해지기를 기다렸다가 일격을 가하면, 확실히 승리할 수 있다. 이는 자신을 보호하고 권토중래捲土重來하기 위한 필수 전략이다.

❧ 중국 춘추전국 시대 위나라 명제明帝가 세상을 뜨고 여덟 살의 어린 나이로 조방曹芳이 즉위하자, 조정은 태위太尉인 사마의司馬懿와 명장 조상曹爽이 공동으로 관장하기 시작했다. 그러나 황제의 친족이었던 조상은 오래지 않아 조정을 제 손아귀에 넣고 사마의의 권력마저 빼앗았다.

사마의는 한때 위나라에 충성을 다하고 혁혁한 공을 세웠음에도 불구하고 조정 때문에 변방으로 쫓겨나자 참을 수가 없었다. 그러나 막강한 조상의 권력에 함부로 대항할 수 없었기 때문에 병을 핑계로 조정에 나가지 않고 때를 기다리기로 했다. 그러자 그를 잠재적 맞수로 생

각하고 늘 경계하던 조상은 자신의 신복 이승李勝을 시켜 상황을 알아
보게 했다.

수차례 전쟁에 참가한 저력이 있는 사마의가 조상의 꾀를 모를 리 없
었다. 준비를 마친 사마의는 이승을 자신의 침실로 불러들였다. 산발
을 하고 병상에 누워있는 사마의 곁에는 간호하는 시종이 두 명 있었다.
이승은 "명을 받들어 형주荊州 책사로 부임해가는 길에 어떠신지 들렀
습니다. 병이 이렇게 깊으신 줄은 미처 몰랐습니다. 차도는 있으신지
요?"라고 인사했다. 사마의는 초점 없는 눈으로 허공을 바라보며 못 들
은 척 말했다.

"병주幷州는 국경의 요새니 방위에 신경을 써야 하오. 적에게 틈을 보
여서는 안 되오."

이승은 병주가 아니라 형주라고 다시 말했지만, 사마의는 못 알아들
은 척 연기했다. 시종이 떠먹여주는 약도 일부러 입 밖으로 게워내면
서 힘없이 말했다.

"내가 죽으면 대장군에게 자식들 좀 대신 보살펴달라고 전해주시
오."

사마의의 목숨이 얼마 남지 않았다고 생각한 이승은 안심하고 조상
에게 보고를 올렸다. 조상도 크게 기뻐하며 "사마의라는 걸림돌만 사
라지면 걱정할 게 없다."고 말했다.

그로부터 얼마 후 천자 조방이 제양濟陽의 북쪽으로 성묘를 갔다. 조
상도 삼형제와 측근의 호위를 받으며 함께 길을 떠났다. 이 소식을 들
은 사마의는 신속하게 군대를 소집해 비어있던 병영을 차지하고, 궁에
남아있던 태후를 위협하여 조상을 간신으로 내몰아 참수시키라는 명

령을 내리게 만들었다. 그리고는 무기창고를 점령하여 위나라의 병력을 장악했다.

조상이 이 소식을 듣고 돌아갔을 때는 이미 손쓸 수 없는 상태였다. 결국 조상 일가는 남김없이 주살을 당했고, 사마의는 마침내 예전의 권력을 되찾을 수 있었다.

재능을 감추고 때를 기다리는 것은 생존 전략의 하나이다. 2인자가 되어 때를 기다릴 줄 아는 사람은 언젠가 사람들의 존경과 사랑을 받게 될 날을 맞게 될 것이며, 이런 사람은 높은 지위에 오르더라도 타인을 잘 배려하게 마련이다. 반대로, 오만하고 자신을 과시하기에 여념이 없는 사람은 남의 의견을 잘 받아들이지 않기 때문에 사람들의 지지를 잃고 나아가서는 친구와 가족들마저 외면하게 될 것이다.

✎ 실천을 위한 조언

승리하려면 우주의 근본인 하늘과 땅, 그리고 사람의 기운이 하나가 되어야 한다. 재능을 감추고 진정한 때를 기다릴 줄 아는 것은 더 힘차게 목적을 실현하기 위한 좋은 방법이다.

현재의 이 시간이 더할 수 없는 보배다. 사람은 그에게 주어진 인생의 시간을 어떻게 이용하였는가에 따라서 그의 장래가 결정된다. 만일 하루를 헛되이 보냈다면 큰 손실이다. 하루를 유익하게 보낸 사람은 하루의 보배를 파낸 것이다. 하루를 헛되이 보내는 것은 내 몸을 소모하고 있다는 것을 알아야 한다. - D. 카네기

The Power of Purpose 나를 이끄는 목적의 힘

제8장

수단과 수완, 원칙을 적절하게 조절하라

목적을 이루려면
수단과 수완이 필요하고 원칙도
지켜야 한다.

수단은 성공의 밑거름이며 수완이란 책략이자 기교요, 방법이다. 그리고 원칙이란 사람으로서 최소한 지켜야 할 도리이다. 즉 수단과 수완, 원칙의 관계를 정확하게 파악하고 조절할 수 있는 사람만이 목표를 실현할 수 있는 것이다.

01

외유내강,
강약의 조화가 필요한 처세술

성공의 30%는 지식에서 기인하고 70%는 처세 능력에 좌우된다고 한다. 처세가 개인의 성공에 얼마나 중요한 역할을 하는지를 시사하는 대목이다.

어떻게 살아야 처세를 잘한다는 평가를 받을 수 있을까? '강하게?' 아니면 '부드럽게?' 어떤 사람들은 곧고 아첨하지 않으며 원칙을 고수하는 '강하게'라고 말하고, 또 어떤 사람들은 원만한 관계를 위해 남의 환심을 살 줄도 아는 '부드럽게'라고 말한다.

갓 간호대학을 졸업한 예비 간호사가 유명한 병원에서 실습을 하게 되었다. 병원 규정에 따라 실습기간 동안 병원 측이 만족스러워하면 그 후 정식으로 채용될 수 있었다. 그러던 어느 날, 교통사고로 생명이 위독한 환자가 응급수술을 받았다. 실습 간호사도 외과수술 전문의 펜디Fendy 원장의 보조로 수술에 투입되었다. 수술이 끝나고 수술 부위를 봉합하려던 참이었다. 그때 실습 간호사가 갑자기 엄숙하게 펜디 원장에게 말했다.

"선생님, 거즈를 12장 사용했는데 11개밖에 보이지 않습니다!"

원장은 전혀 상관없다는 듯이 대답했다.

"다 꺼냈으니까 잔말 말고 어서 봉합해."

"안 됩니다! 분명히 12장을 사용하셨다고요!"

실습 간호사는 단호하게 높은 목소리로 항의하듯 말했다.

원장은 이에 전혀 개의치 않고 "내말 들고 봉합 준비해. 책임은 내가 다 질 테니."라고 명령했다.

"이러시면 안 됩니다!"

실습 간호사는 조금도 물러서지 않았다.

한편 원장의 얼굴엔 흡족한 미소가 스쳤다. 그는 손에 쥐고 있던 열두 번째 거즈를 내보이며 말했다.

"합격이야."

그리하여 실습 간호사는 병원에 남을 수 있게 되었다.

만약 이 간호사가 단호하게 원칙을 고수하지 않고 의사의 명령에 복종했다면 어떻게 되었을까? 절대로 병원에 남지 못했을 것이다. 이 이야기는 강직하고 엄격한 처세가 무엇인지 보여준다.

한편 적당히 둥글둥글 처세하는 사람은 대인관계에서 중요한 순간에 유연성을 발휘할 줄 알기 때문에 이런 사람 역시 성공할 가능성이 크다.

한 청년이 기차 좌석에 누워 자고 있었다. 얼마쯤 지났을까, 어떤 아주머니가 딸아이를 데리고 기차에 올랐다. 아이는 청년을 흔들면서 말했다. "아저씨, 나 앉을래, 나 앉을래!"

하지만 청년은 자는 척 대꾸하지 않았다.

아주머니는 딸에게 말했다.

"아저씨 깨우지 마. 피곤해서서 그래. 잠깐 누워 있다가 비켜주실 거야." 이 말을 듣고 청년은 얼굴이 빨개져서 일어나 앉으며 말했다.

"여기 앉으세요!" 현명하게 대처한 아주머니의 이야기를 통해 무엇을 알 수 있을까? '둥글게' 처세하기가 대인관계에서 상황을 부드럽게 변화시키는 윤활유 역할을 한다는 사실을 확인할 수 있다. 만약에 아주머니가 청년에게 대뜸 비난부터 했다면 전혀 다른 상황이 연출됐을지도 모를 일이다.

그런데 사실 '강한' 처세술이든, '부드러운' 처세술이든, 어느 한쪽으로만 치우치는 것은 옳지 않다. 너무 곧으면 오히려 부러지기 쉽듯 강철 막대기마냥 지나치게 딱딱하고 곧으면 구부렸을 때 휘어지지 않고 부러지는 법이다. 지나치게 남의 비위를 잘 맞춰도 속물로 보이기 십상이다. 그러므로 '강하게'든, '부드럽게'든, 적당한 선을 지켜야 한다. 엄격하고 철저해야 할 때는 충분히 냉정하게, 유연하게 대처해야 할 때는 적당히 부드럽게 대처해야 한다는 말이다.

좀더 구체적으로 말해서 큰일은 강직하고 엄격하게 처리하되 작은 일은 부드럽게 해결해야 하며, 자신에게는 엄격하게 굴더라도 타인을 대할 때는 부드러운 자세를 취해야 한다는 뜻이다.

'강한' 처세와 '부드러운' 처세는 자전거의 두 바퀴요, 새의 두 날개와 같기 때문에 어느 한쪽이 없어도 되는 것은 아니다. 전자를 중시한 나머지 후자를 소홀히 해도 안 되고, 반대로 후자만 신경 쓰느라 전자를 간과해서도 안 된다.

예로부터 지금까지 사람들한테 사랑받는 인물들 중에 강직한 면이 없는 사람이 없었다. 그러나 너무 강직하거나 강하게 처세하는 것만으로는 부족하므로, 때로는 부드러운 매력을 발산할 수 있도록 온화한 면도 지녀야 한다.

진짜 현명한 사람은 '겉'은 둥글고 유하면서 '속'은 까칠하고 확실한 사람이다. 그래야 "저 사람은 참 편해, 부담이 없어."라는 평을 받으면서도 본인은 원칙을 지키며 결연하게 이상을 향해 나아갈 수 있다.

독일의 철학자 피히테Johann Gottlieb Fichte는 "한 사람이 어떤 인생철학을 선택할 것인가는 그가 어떤 유형의 사람인가에 따라 결정된다."라고 말했다.

큰 눈이 내린 후, 어떤 나뭇가지는 두껍게 쌓인 눈의 무게를 지탱하지 못해 부러진다. 왜 그럴까? 부러진 나뭇가지는 부드럽게 휘어질 줄 모르고 꼿꼿하게만 버티다가 결국엔 무게를 이기지 못했기 때문이다. 상대적으로 유연한 소나무 가지는 눈이 아무리 펑펑 내려도 가지가 부러지는 법이 없다. 우리도 인생을 살다보면 수많은 시련과 도전을 만나게 된다. 그럴 때마다 너무 빡빡하게 굴면 이상이 실현되기도 전에 부러진 나뭇가지처럼 꺾이기 쉽다.

생활 속에서 예상치 못한 일도 심심치 않게 발생할 것이다. 이런 일을 해결하면서 때로는 타협을 해야 할 때도 있다. 타협이란 '외유내강'의 '유' 즉, 부드러움에 해당하며 패배를 인정하거나 '손해를 보는 것'은 아니다. 그러나 많은 사람들이 타협의 의미를 잘못 파악한 나머지 독불장군 신세를 면치 못해 외톨이가 되는 경우가 종종 있다.

때로는 자신이 손해를 보는 것이 더 큰 복을 불러올 수도 있다. 추격해오는 늑대를 피해 도망가다가 외나무다리에서 만난 염소 두 마리가 있다. 어느 한 마리도 양보하려 들지 않는다. 그렇다면 이들의 운명은 어떻게 될까? 두 가지 경우가 있을 수 있다. 둘 다 늑대에게 잡아먹히거나, 서로 살겠다고 싸우다가 두 마리 모두 강으로 떨어지는 것이다. 어느 쪽이든 죽기는 매한가지다. 그렇다면 왜 한 발짝 물러나지 않는 것일까? 한쪽만 양보해도 두 마리 모두 살 수 있는데 말이다.

물론 타협에도 정도는 있어야 한다. 도가 지나치면 남 좋은 일만 하는 꼴이 되어 정작 자신의 목표는 영원히 실현할 수 없을지도 모른다.

'외유내강'은 실용적인 처세술이다. 겉과 속이 모두 훌륭한 사람이라면 '외유'로 자신의 앞길을 개척하는 동시에 '내강'의 본질과 원칙을 고수할 수 있다.

17세기 저명한 영국의 건축가 크리스토퍼 렌Cristopher James Wren은 뛰어난 창의력의 소유자였다. 그가 윈저Windsor시 정부청사의 홀을 설계하라는 명령을 받았을 때의 일이다. 그는 엔지니어링 역학 지식에 오랜 경험을 접목시켜 기둥 하나만으로 천장을 지탱할 수 있도록 한 설계를 고안해냈다. 1년 뒤 시 정부 관계자가 검수하러 왔을 때 기둥 하나만으로 홀 전체 천장을 지지하도록 만들어진 설계를 보고는 너무 위험하다며 크리스토퍼 렌에게 기둥을 몇 개 더 세우라고 주문했다. 이에 렌은 하나만으로도 충분하다는 자신이 있었기 때문에 자신의 주장을 입증할 수 있는 여러 가지 실례를 제시했지만 정부 관계자는 그의 의견을 받아들이지 않았다.

렌의 계속되는 주장에 정부 관계자는 화가 났다. 수백 년 전이었던 당시에는 지금처럼 인권을 보장받는 시절이 아니었기 때문에 정부인사와 얼굴을 붉힌다는 것은 곧 영국 황실의 뜻을 거역한다는 뜻이었다. 심하면 고소를 당하거나 구속되는 경우도 있었다.

상당히 오랫동안 이 문제로 고민하던 렌은 마침내 묘안을 고안해냈다. 홀에 기둥 네 개를 더 만들되 천장에는 닿지 않게 해서 고집불통 관리를 안심시키기로 한 것이다. 몇 백 년이라는 시간이 흐르면서 시 정부 관계자도 여러 차례 바뀌었지만 렌의 비밀은 한 번도 탄로 나지 않았다. 그러다가 최근 몇 년 전 윈저시에서 홀 천장을 수리할 때 비로소 '눈속임'이었다는 사실이 뒤늦게 알려졌을 뿐이다.

때로는 원만하고 평화적으로 문제를 해결하기 위해서 '외유내강' 처세법을 배울 필요가 있다. 속물근성을 익힌다거나 용의주도하고 노련하게 사는 법을 배우자는 것이 아니라, 안으로는'강한' 원칙 고수를 기본으로 하고 겉으로는'부드럽게' 융통성을 발휘하는 고난이도의 처세술을 익혀보자는 뜻이다.

사람과 사람 사이에서 마찰이 발생하는 것은 피할 수 없는 일이다. 그러므로 복잡한 사회일수록 외유내강의 자세가 더욱 절실하다.

어느 한쪽으로 치우지지 않아야 상황에 따라 문제를 합리적으로 해결할 수 있고, 그래야 차후에 유사한 갈등이 발생하는 것을 막을 수 있기 때문이다.

결론적으로 성숙하고 마음이 넓은 사람은 환경이나 작은 이익에 얽매이지 않고 결연하게 목표를 추구하여 자신의 가치를 극대화할 뿐만 아니라 목표도 훌륭하게 달성할 수 있다. 타인과 조화롭게 살려면 유연성을 발휘하고 강약을 조절할 줄도 알아야 한다. 절대로 자기 의견

만 고집하거나 지나치게 남의 비위를 맞추려다 도리어 화를 당하는 우

를 범하지 말자.

✎ 실천을 위한 조언

외유내강, 화이부동(和而不同: 남과 화합은 하지만 도리에 맞지 않는 일에는 동조하지 않음)이야말로 사회생활에서 가장 필요한 자세라고 할 수 있다.

02

어수룩하게 보이는
설정도 필요하다

세상에는 세 종류의 사람이 있다. 첫 번째는 '스스로 똑똑하다고 생각하고 실제로도 그런 사람'이다. 두 번째는 '다른 사람들은 멍청하다고 하는데 혼자만 스스로를 똑똑하다고 여기는 사람'이다. 마지막으로 세 번째는 '다른 사람한테 바보라고 평가받고 자신도 이를 부정하지 않지만, 실은 똑똑한 사람'이다. 세 번째 부류의 사람들은 때때로 똑똑함을 드러내지 않고 어수룩하게 잠자코 있다.

똑똑하면서 어수룩하게 행동하는 사람이야말로 가장 현명한 처세술과 지혜를 보여주는 사람이다. 사람은 재능을 갖추었더라도 자만해서는 안 된다. 자신을 지나치게 과시하면 질투를 사서 적을 만들 수 있기 때문이다. 과거에 덕이 많고 똑똑했던 인재들이 얼마나 많은 중상모략에 시달려야 했는가?

그러므로 '똑똑함을 감출 줄 아는 지혜'를 발휘해야 한다. 직장에서 상사를 대할 때, 경우에 따라 자신을 '어수룩하게' 보이도록 설정해야 한다는 것을 기억하자. 대놓고 자신의 능력을 과시하며 상사의 잘못을 지적할 것이 아니라, 그를 잘 보조하면서 그가 눈치 채지 못하도록 잘못된 점을 고쳐줄 수 있어야 한다. 한편, 일반적인 대인관계에서는 짐짓 모르는 척 유머로 상대방의 흠을 돌려서 지적할 수도 있고, 미련한 척 상대방을 속일 수도 있다. 충분한 담력과 지혜만 있으면 누구나 가능하다. 이러한 진정한 지혜의 경지를 깨달으면 순조로운 인생을 살겠지만, 터득하지 못하는 사람은 오히려 화를 입을 수도 있다.

미국 9대 대통령 윌리엄 헨리 해리슨^{William Henry Harrison}은 작은 도시에서 태어났다. 사람들은 조용하고 부끄럼 많은 아이였던 해리슨을 바보 취급했다. 마을 사람들은 해리슨만 봤다 하면 0.5센트와 1센트짜리 동전을 그의 앞에 던져놓고는 마음에 드는 것을 주우라고 했다. 사람들은 언제나 0.5센트짜리 동전을 선택하는 해리슨을 비웃고 조롱했다.

어느 날, 한 부인이 또 한바탕 조롱을 당하고 있는 해리슨을 보고 불쌍하다는 생각이 들어서 그에게 다가가 말했다.

"윌리엄, 1센트가 0.5센트보다 더 큰 돈이라는 걸 정말 모르는 거니?"

윌리엄이 태연하게 대답했다.

"당연히 알죠. 그렇지만 제가 만약 1센트짜리 동전을 집으면 사람들이 다시는 저에게 어떤 동전이 큰지 묻지 않을 거예요."

일부러 어수룩하게 보이려는 사람은 잠시 지혜를 감추고 멍청한 척하면서 사소한 일에 늘 남들보다 뒤떨어지게 행동한다. 그런데 사실은 겉으로 보기에만 그렇게 행동하는 것이다. 바보 같은 척 행동하면 사람들은 그가 무능한 사람이라고 생각하고 그의 존재를 대수롭지 않게 여기기 때문이다. 하지만 이들도 필요할 때는 실력을 드러내고 선수를 치기도 하며, 그것을 성공으로 연결시킨다.

처음부터 지혜롭게 태어나는 사람은 없다. 성격과 성장과정, 자기수양이 모여 지혜로운 인격을 만드는 것이다. 그래서 어떤 이들은 지혜로운 사람이 내성적이라고 주장하는데, 사실은 그렇지 않다. 지혜로운 사람은 다만 내면적으로 수양을 쌓을 뿐 자신을 과시하거나 겉으로 드러내지 않는다. 또한 사소한 문제에서는 너그러움을 발휘하고 모든 일을 적절히 처리할 뿐이다.

옛날에는 '어수룩한 설정'이 자신의 예지를 감추는 효과적인 방법으로 쓰였는데, 특히 '보이지 않는 경쟁'이 치열하거나 생명의 위협을 느끼는 긴박한 시점에 아주 유용했다.

중국 춘추전국 시대 위魏나라에 수많은 식객을 거느리기로 유명한 신릉군信陵君이 살고 있었다. 지혜로운 인물은 거의 대부분 그의 문하에 있다 보니 위나라 왕에 버금갈만한 정치세력을 형성하게 되었다. 이를 경계한 위왕은 식객 수를 70%로 줄이라고 명령했다. 그러나 신릉군은 이를 무시했으며, 당시 진秦나라의 공격을 받던 조趙나라를 구하는데 큰 공까지 세웠다. 위왕은 참을 수 없었다. 이때를 틈타 진나라가 위왕이 신릉군의 실권을 빼앗도록 부추겼다. 위왕은 눈엣가시 같은 신릉군이 권토중래할 것을 막기 위해 그를 암살하려고까지 했다. 신릉군은 이에 '병이 나서 벼슬을 그만두겠다'라고 둘러댄 뒤, 매일 밤 식객들과 먹고 마시며 유흥에 빠진 듯 행동함으로써 위왕의 경계심을 늦췄다. 신릉군은 이처럼 '어수룩하게' 행동하여 자신의 예지를 숨김으로써 목숨을 보전하는 지혜로운 사람이었다.

이와 반대로 짐짓 어수룩한 체하기는커녕 지나치게 자신을 노출했다가 화를 당하는 경우도 있다. 꽃이 절반만 피었을 때 더 아름다운 것처럼 아무리 잘난 사람이라도 자아도취가 도를 넘으면 도리어 화를 초래할 수 있다. 설령 당신이 진정 유능한 인재라 할지라도 자만에 빠지지 않고 겸손한 태도를 갖춰야 한다. 너무 튀다보면 자신을 보호하지 못할 뿐 아니라 재능조차 제대로 발휘하지 못할 수 있다. 활짝 핀 꽃을 기다리고 있는 운명은 딱 두 가지이다. 사람들이 꺾어가 버리거나, 홀로 시들어버리는 것이다. 인생도 마찬가지다. 모든 일이 순조롭다고 느낄 때 안하무인격으로 행동하면 질시의 대상이 되기 쉽다. 그러므로 여러 면에서 출중한 사람일수록 더욱 겸손하자! 그래야만 어떤 방해도 받지 않고 재능을 발휘하여 크게 성공할 수 있다.

《삼국지》의 제갈공명은 유비가 사망한 후에는 그다지 크게 활약하지 못한다. 그전에는 유비 같은 명장의 보호 하에 있었기 때문에 다른 사람들의 질투를 의식할 필요가 없었고 제갈공명의 도움 없는 유비는 감히 상상할 수 없었으므로 유비를 잘 보좌하면서 마음껏 재량을 펼칠 수 있었다. 유비는 죽기 전에 모든 신하들이 있는 자리에서 제갈공명에게 "내 아들 유선劉禪을 잘 부탁하오. 저 아이가 군주 될 인물이 아니라면 경이 황위에 올라도 좋소."라고 말했다. 그러자 제갈공명이 사색이 되어 눈물을 흘리며 유비 앞에 꿇어앉아 말했다.

"신이 어찌 황제의 뜻을 거역하오리까? 목숨이 다하는 날까지 충신의 도를 다하여 황태자를 모시겠나이다."

제갈공명은 말을 마치고 머리를 땅에 부딪치며 엎드려 절을 했다. 피까지 흘리며 맹세하는 충신의 모습이었다. 유비는 덕망이 높고 인자한 군주였지만 나라를 제갈공명에서 물려줄 만큼은 아니었다. 한편 천하의 제갈공명이 토사구팽의 처지가 될지 누가 알겠는가? 그래서 제갈공명은 유선을 보좌해 나라를 위해 몸과 마음을 다 바치면서도, 짐짓 어리석은 듯 신중하게 행동하며 남의 눈에는 자신이 쓸모없는 늙은이로 비춰지게 해 목숨을 보전할 수 있었다.

이와는 대조적으로 제갈공명만큼이나 똑똑했지만 큰 공을 세우지 못하고 죽음을 맞이한 양수楊修도 있다. 양수가 일찌감치 제거된 까닭도 '똑똑은 했으나 어리석은 듯 잠자코 있을 줄 몰랐기 때문'이다.

조조가 데리고 있던 책략가였던 양수의 죽음에 관해 사람들은 '계륵鷄肋: 닭의 갈비라는 뜻으로, 그다지 큰 소용은 없으나 버리기에는 아까운 것을 이르는 말'이라 말한 조조의 뜻을 철수명령이라고 제멋대로 넘겨짚어 군사혼란을 초래했기 때문이라고 알고 있지만, 사실 양수는 자신의 재주만 믿고 가볍게 행동하다가 조조의 비위를 거슬러 미움을 사서 죽은 것이다. 자신의 부하가 자기보다 뛰어나길 바라는 사람은 없기 때문이다.

조정에 있을 때 조조는 채옹蔡邕과 절친한 사이였다. 한 번은 조조가 병사를 일으켜 동관潼關으로 향하다 채옹이 사는 마을을 지나게 되었다. 조조는 채옹의 딸 채염蔡琰이 거주하고 있던 방에서 벽에 걸려있던 '황견유부黃絹幼婦, 외손제구外孫薺臼'라는 글귀를 보았다. 그는 곁에 있던 부하들에게 그 의미를 물어봤고 양수만 답을 안다고 대답했다.

"그 뜻은 절묘호사絶妙好詞입니다. 황견黃絹이란 누런 누에고치 옷감을 뜻하므로 곧 실의 색絲色을 가리키기 때문에 두 자를 더하면 절(絶)이 됩니다. 유부幼婦란 어린 소녀를 뜻하므로 곧 젊은 여인少女이 되니, 두 자를 합치면 묘(妙)가 됩니다. 외손外孫은 딸의 자식으로 딸은 여女, 아들은 자子이니 두 자를 합치면 호(好)가 되고, 제구薺臼는 매운 것辛을 담는 것이니受, 두자를 합치면 사(辭)가 됩니다. 이 네 글자를 합치면 절묘호사 즉, 아주 훌륭한 문장이란 뜻이지요.”

양수의 대답을 들은 조조는 놀라움을 금치 못했다.

한 번은 조조가 화원을 만들라는 명령을 내렸다. 거의 다 지어졌을 때쯤 화원을 둘러보던 조조는 좋다 나쁘다 한 마디도 없이 문에다 ‘活활’ 자를 써놓고 떠났다. 사람들은 무슨 영문인지 몰랐지만 조조의 눈 밖에 날까봐 감히 그 뜻을 물어볼 수 없었다. 그때 양수가 말했다.

“문 문(門)자 안에 ‘살 활(活)’자를 넣으면 ‘넓을 활(闊)’이 됩니다. 승상께서는 화원 문이 너무 넓은 게 못마땅하신 겁니다.”

그래서 장인들은 양수의 해석에 따라 문을 좁게 만들고 조조를 불러 다시 둘러보게 했다. 조조는 양수가 자신의 뜻을 간파했다는 것을 알고 나서 입으로는 훌륭하다고 칭찬했지만 마음속으로는 미워하고 경계하기 시작했다.

또 한 번은 변방에서 조조에게 우유를 달여 만든 부드러운 간식인 소酥를 보내왔을 때의 일이다. 조조는 소가 담긴 상자 위에 세로로 ‘일합소(一合酥)’라 적은 뒤 탁자 위에 올려놓았다. 조조가 사라지자 양수는 다짜고짜 소라는 간식을 먹기 시작했다. 주변 사람들에게도 한 입씩 나누어 주다보니 어느새 바닥이 나고 말았다. 나중에 이를 발견한 조조가 왜 그랬냐며 문책하자, 양수는 “상자에 ‘일인일구소(一人一口酥)’ 즉, 한 사람이 한 입씩 소를 먹으라고 쓰여 있어서 그랬습니다. 어찌 승상의 명을 거역할 수 있겠습니까?”라고 말했다.

조조는 양수가 미웠지만 겉으로는 웃을 수밖에 없었다.

이 몇 가지 일들을 통해 양수에 대한 조조의 태도가 ‘놀라움’에서 ‘경계’로, 다시 ‘미움’으로 변화한 것을 알 수 있다. 당신의 운명을 쥐고 있는 사람이 당신에 대해 이런 마음을 가지고 있다면 어떻게 되겠는가?

자신을 드러내지 않으면 존재감이 없어 영원히 중용될 수 없고, 지나치게 자신을 드러내면 공격의 대상이 되기 쉽다.

03

심리전으로
상대편의 마음을 정복하라

외출할 때는 하늘의 낯빛을 살펴야 하듯이 사람을 상대할 때는 그 사람의 안색을 살펴야 한다. 대인관계에서 심리전으로 상대방의 기선을 제압할 줄 알아야 한다. 목표를 이루기 위해서는 상대방의 의중을 헤아리는 법도 배워야 한다. 이를 모르면 다잡은 고기도 달아날 수 있기 때문이다.

촉나라 군주였던 유비가 백제성에서 죽자, 촉의 기운이 예전에 못미침을 발견하고 소수민족들이 반란을 일으키기 시작했다. 이에 제갈공명은 225년 봄 대군을 이끌고 소수민족을 평정하기 위해 남쪽으로 떠났다.

남쪽 지방에 이르러 자세한 상황 보고를 받은 제갈공명은 일단 남만南蠻왕 맹획孟獲이 용맹스러우며 남쪽 지방에 자리 잡은 부족장 중 가장 명성이 높다는 사실을 파악했다. 제갈공명이 떠나기 전에 마속馬謖도 "심리전으로 기선을 제압하여 성을 점령해야 합니다."라고 일렀던 터라 맹획을 생포하는 편이 좋겠다고 결론을 내렸다. 그리하여 촉의 군대에게 맹획의 군대와 교전할 때 고의적으로 약세에 몰려서 철수하는 것처럼 보이도록 하라고 명령을 내렸다. 맹획은 그런데다가, 옛말에 '궁지에 몰린 적은 쫓지 말라'는 말도 있거늘, 수적으로 우세였던 맹획은 기세를 몰아 무턱대고 촉나라 군대를 추격했다. 결국 촉군의 함정에 빠져 군대는 사방으로 도망쳤고 맹획은 생포되었다.

촉군 진영으로 끌려간 맹획은 꼼짝없이 죽게 되었다고 생각했다. 그런데 그를 기다리고 있던 것은 뜻밖에도 제갈공명의 웃는 얼굴이었다. 제갈공명은 맹획에게 투항하라고 점잖게 권했지만 맹획은 자신의 패배를 인정하려 하지 않았다.

"당신이 너무 간사한데다, 내가 상황 판단을 제대로 못해서 계략에 말려든 것뿐이오. 날 죽이려거든 마음대로 죽이시오."

제갈공명은 화를 내기는커녕 오히려 그를 말에 태워 촉군 진영을 한 바퀴 둘러보게 했다. 그런 다음 물었다.

"당신이 보기에는 어떻소?"

맹획은 자만심으로 가득차서 말했다.

"당신들의 허와 실을 파악하지 못해서 실패했소만, 이렇게 직접 둘러보니 초군도 별것 아닌 것 같군요. 쉽게 이길 수 있을 것 같소."

제갈공명은 시원스럽게 껄껄 웃으며 "그럼 이렇게 합시다. 내가 당신을 다시 생포하면 그땐 초나라 밑으로 들어오는 것이 어떻겠소?"라고 물었다. 맹획은 조금도 생각보지 않고 무조건 좋다고 하자, 제갈공명은 즉시 그와 장군 두 명을 풀어주었다.

풀려난 뒤 맹획은 철저하게 준비하여 다시 촉군을 공격했다. 하지만 용감하기만 했던 맹획이 천하제일의 책략가인 제갈공명의 적수가 될 리 만무했다. 결국 맹획은 또다시 생포됐지만 끝내 승복하지 않았다. 제갈공명은 부하들의 만류에도 불구하고 다시 그를 풀어주었다.

이렇게 풀려나고 잡히기를 일곱 번. 제갈공명은 한 번 더 맹획을 풀어주려 했으나 이번에는 그의 정성에 탄복한 맹획이 돌아가려 하지 않았다. 눈물을 뚝뚝 흘리며 다시는 반란을 일으키지 않겠다고 약속한 맹획은 부락으로 돌아가 투항하자고 설득했다.

맹획을 포함한 지방 우두머리들은 모든 권력을 제갈공명에게 넘기기로 했다. 그러나 제갈공명은 이를 사양하며 예전 그대로 그들이 직접 다스릴 요구했다. 그러자 무리 중 한 명이 제갈공명에게 물었다.

"남쪽 원정을 나선 것은 영토 수복을 위한 것이 아니었습니까? 왜 관리를 파견하지 않고 그대로 자치를 하라고 하시는 겁니까?"

이에 제갈공명은 "관리를 대거 파견하면 좋은 점보다 나쁜 점이 더 많지요. 파견한 관리가 청렴하다는 보장도 없을뿐더러, 관리를 파견하려면 병사도 함께 보내야 합니다. 어디 병사뿐이겠습니까? 이들이 먹을 식량도 필요합니다. 식량을 보내주지 않으면 이들은 어떻게 하겠습니까? 결국 식량 때문에 이곳에서 전쟁이라도 벌인다면 오히려 문제가 커지겠지요. 다시 말해, 중앙에서 관리를 파견하는 것은 화근이 될 뿐입니다. 차라리 각 부락이 자치하도록 맡기는 편이 여러분들에게나 중앙에게나 좋은 일이 아니겠습니까?"라고 말했다. 이 말을 듣고 제갈공명의 세심한 배려에 모두들 다시 한 번 감탄하지 않을 수 없었다.

제갈공명은 맹획을 귀순시키기 위해 마음으로 설득하는 수고를 마다하지 않았는데, 이것이 바로 가장 전형적인 '민심 공략법'이다. 이는 전쟁에서 뿐 아니라 왕의 총애를 다투는 애첩들 간에도 사용되곤 했다.

중국 전국 시대 때의 일이다. 위魏나라 왕이 초楚나라 왕에게 절세가인을 바쳤다. 당시 초왕에게는 정수鄭袖라는 애첩이 있었는데, 마음씨 고와서 초왕이 절세가인을 좋아한다는 것을 알고 질투를 하기는커녕 마치 자기 일인 양 기뻐했다. 심지어 좋은 물건이라도 생기면 가져다 줄 만큼, 초왕 못지않게 절세가인을 극진히 보살폈다. 이를 기특하게 여긴 초왕은 전보다 더 정수를 총애하며 그녀만큼은 절대 질투를 모르는 여인일 것이라고 확신했다. 그러나 가장 무서운 것이 '여인의 마음'이라 했다. 초왕과 절세가인 모두로부터 환심을 얻자, 정수는 마침내 시기가 무르익었음을 직감하고 어느 날 절세가인을 찾아가 다음과 같이 말했다.

"왕께서 자네의 아름다움을 무척 사랑하시지만 딱 한 군데 싫어하시는 부분이 있다네. 바로 그대의 코야. 그러니 이제부터 왕을 뵐 때는 코를 가리는 게 좋을 게야."

절세가인은 그날부터 초왕 앞에서 늘 코를 가렸다. 궁금해진 초왕은 평소 절세가인과 친하게 지내는 정수에게 그 이유를 물었다. 정수는 이때다 싶어 왕에게 "대왕의 몸에서 악취가 난다고 그러고 다니는 거랍니다."라며 거짓으로 아뢰었고, 크게 노한 초왕은 절세가인의 코를 베어버리라는 명령을 내렸다.

정수의 계획이 성공할 수 있었던 것도 상대방의 비위를 맞추며 신임을 얻은 뒤, 적절한 계략을 썼기 때문이다.

상대가 자신보다 많은 것이 부족하고 모자라도 진심으로 인정하는 자세와 존경과 호감을 갖는 표현을 하여야 한다. 모든 사람은 자기를 좋아하는 사람을 좋아한다. 자기 일에 늘 관심을 가지고 있음을 알게 하는 것도 좋은 방법이다. 상대방의 마음에 들게 하는 좋은 방법은 상대방이 가장 흥미를 가지는 것을 이야기 하는 것이다. 단 무엇을 바라고 말하지 말라, 진정으로 말하고 행동하여야 한다.

성공한 기업가들도 예외는 아니다. 이들도 '심리전술'을 사용하는 데 능하다. 먼저 직원들의 마음을 움직인 다음, '인간적인 관리'로 확실히 감동시켜서 자신을 위해 목숨 걸고 열심히 일하게 만드는 방법을 종종 사용하곤 한다.

✎ 실천을 위한 조언

기업가든 일반 직장인이든, 목표를 실현하려면 상대방의 의중을 살피고 마음을 공략해서 흔쾌히 협력하게 만들어야 한다.

시기와 형세를 파악하고
환경에 빨리 적응하자

시세를 관찰하고 형세의 변화를 예측하자. 정태적인 상황은 전면적으로 분석하면 되고, 동태적인 상황은 변화 추이를 예측하면서 따라가면 된다. 무엇보다 중요한 것은, 상황의 변화를 파악하여 그에 맞게 앞으로의 전략을 세우는 것이다.

    영국의 극작가 조지 버나드 쇼 George Bernard Shaw는 "똑똑한 사람은 자신이 세상에 적응하지만, 똑똑하지 않는 사람은 세계가 자기에게 적응할 때까지 기다린다."라고 말했다. 오늘날 한 마디를 덧붙여본다면, "경우에 따라 요령 있게 대처하는 것이 지혜 중의 지혜다."가 될 수 있을 것이다.

세상은 변화무쌍하므로 늘 순탄하기만 한 인생을 살 수는 없다. 객관적인 상황이 끊임없이 변화하므로 우리도 따라서 변해야 한다. 제갈공명이 "하늘의 뜻, 땅의 기운, 사람의 정성이 하나로 어우러지면 천하무적이다."라고 했던 것처럼, 사람도 상황에 맞게 변할 수 있어야 모든 장애를 극복하고 성공에 다가갈 수 있다.

환경의 변화에 따라 변할 수 있는 '카멜레온'에게는 이 세상에서 산다는 것이 어려운 일이 아니다. 상황에 잘 적응할 줄 아는 사람에게 어울리는 단 하나의 귀착점이란 바로 성공이다.

살다보면 갖가지 어려움을 겪을 테지만 해결방법은 늘 하나다. 바로, 시기와 형세를 잘 파악해서 요령 있게 적절히 대처하는 것이다.

어느 도시에 사흘 연속 폭풍우가 불고 홍수가 발생해 도시 전체가 잠길 위기에 처했다. 물이 이미 무릎까지 차오르고 있었는데도 이 마을 신부는 성당 안에서 기도만 하고 있었다. 그때 구조대원이 작은 보트를 타고와 신부에게 말했다.

"신부님, 어서 타세요! 안 그러면 익사하실 거예요!"

그러자 신부가 단호하게 대답했다.

"아닐세! 난 안 가! 하나님이 구해주실 거거든. 다른 사람들부터 구하게나."

구조대원은 할 수 없이 신부를 놔두고 떠났다.

시간이 조금 더 흐르자 물이 점점 불어나 신부의 가슴까지 차올랐고, 신부도 제단에 서서 기도를 드릴 수밖에 없었다. 이때 또 다른 구조대원이 구명보트를 타고와 다급히 말했다.

"신부님, 빨리 타세요! 안 그러면 진짜 죽어요!"

신부는 추호의 흔들림도 없었다.

"아닐세. 나는 하나님께서 반드시 구해줄 것이라고 믿네. 여기서 하나님을 기다릴 테야. 자네는 일단 다른 사람들부터 구하는 게 좋겠네."

이 구조대원도 어쩔 수 없이 신부를 놔두고 갈 수밖에 없었다.

그리고 나서 얼마 지나지 않아 성당은 물에 잠겨버렸고, 신부는 간신히 성당 꼭대기 십자가에 매달려 있었다. 이때, 머리 위로 헬리콥터가 나타났다. 구조대원은 신부에게 밧줄을 내려주면서 큰 소리로 외쳤다.

"신부님, 어서 올라오세요! 이번이 마지막이에요. 여기서 죽을 순 없잖아요!"

신부는 여전히 고집을 꺾지 않고 말했다.

"아니야. 하나님이 반드시 구해주실 거야. 난 여기서 기다리겠네. 다른 사람 먼저 구하게나. 하나님은 나와 함께 계신다네!"

이 말을 마치기가 무섭게 홍수가 거침없이 밀려와 신부는 물에 잠기고 말았다. 천국에서 하나님을 만난 신부는 화를 내며 말했다.

"주여, 저는 저의 일생을 주님께 바쳤습니다. 그런데 왜 저를 구하지 않으셨나요?"

하나님이 말씀하셨다.

"언제 구하지 않았다는 것이냐? 맨 처음에는 작은 보트를 보냈느니라. 네가 거절을 하기에 위험해서 그러는 줄 알고, 다음에는 좀 더 큰 구명보트를 보냈다. 그래도 싫다기에 마지막으로 최대한 배려하여 헬리콥터를 보냈느니라. 하지만 너는 또다시 거절을 했지. 그래서 난 네가 빨리 나의 곁으로 돌아오려는 줄 알았느니라."

사실 인생을 살면서 부딪치는 많은 장애와 위험은 충분히 극복할 수 있는 것들이지만, 우리가 유연하게 대처하지 못하거나 시세와 형세를 제대로 파악하지 못해서 실패하는 것이다. 낡은 원칙과 틀만 고수해서는 막다른 골목에 도달할 수밖에 없다.

그러므로 요령 있게 대처하는 법, 유연성을 발휘하는 법을 배우자.

그래야만 더 큰 성과를 거둘 수 있다.

글로벌 시대에 변화를 감지하고 빨리 적응하는 것은 필수다. 그렇다고 약삭빠른 성격이나 원칙 없는 태도가 필요하다는 것이 아니다. 적절한 시기에 무엇이 필요한지 정확히 판단해 가장 이상적인 계획을 세워보자.

✒ 실천을 위한 조언

시세와 형세를 파악해 발 빠르게 대처할 수 있는 능력을 기르도록 하자. 앞으로 당신에게 다가올 변화를 여러 정보를 통하여 예측하고 준비하는 자세가 필요하다. 다양한 각도에서 유연하게 문제를 처리하면, 삶이 한층 다채로워지고 성공 역시 더 빨리 찾아올 것이다.

05

작은 것을 버리면
큰 것을 얻을 수 있다

장기적인 목표를 가진 사람은 현재의 상실 때문에 고민하고 안타까워 하거나 마음에 담아두지 않는다. 왜냐하면 자신이 앞으로 얻게 될 것이 잃은 것보다 많을 것이라고 확신하기 때문이다. 지금 무언가를 잃 어버리는 것은 나중에 더 많이 얻기 위한 준비과정이다. 다시 말해, 작은 것을 버리면 더 큰 것을 얻을 수 있다는 뜻이다.

때로는 삶이 권력이나 기회를 포기하라고 강요할 때가 있을 것이다. 항상 모든 것을 다 가질 수는 없으므로 포기해야 할 때 포기할 줄 알아야 하며, 작은 것을 버리는 것은 더 큰 것을 얻기 위함임을 알고 여불위처럼 작은 것을 포기함으로써 큰 것을 도모할 수 있는 지혜를 길러보자.

춘추 전국시대 말기에 여러 가지 이유로 말미암아 진秦나라는 어쩔 수 없이 태자의 아들을 조趙나라에 인질로 보내야 했다. 기원전 265년 ~259년경 어느 날 거상 여불위가 조나라의 수도 한단邯鄲을 지나다가 우연히 태자의 아들을 만나게 되었다.

당시 이미 상당한 재산을 모은 이름난 상인이었던 여불위는 꽤나 높은 정치적인 안목을 갖고 있었다. 빈곤한 자초子楚를 처음 본 여불위는 한눈에 그가 자신의 미래를 맡길 만한 인물임을 간파했다. 비록 지금은 인질로 잡혀와 타향살이를 하고 있지만 비범한 인물이므로 미리 투자를 해주면 좋을 것이라고 판단한 여불위는 장사를 그만두고 본격적으로 자초를 돕기 시작했다.

연고 없는 외톨이였던 자초에게 여불위의 지원은 넝쿨째 굴러들어온 호박이나 다름없었다. 그는 금전적으로 크게 지원해주었을 뿐 아니라 자초가 기반을 다질 수 있도록 물심양면으로 도왔다. 이에 복받치는 고마움을 느낀 자초는 훗날 자신이 진나라의 왕이 되면 반드시 여불위를 중용하겠노라고 약조했다.

진나라로 간 여불위는 유선 안국군安國君의 총애를 받고 있는 화양부인華陽夫人의 언니를 찾아갔다. 화양부인에게 아들이 없었기 때문에 그의 언니를 통해 접근해서 자초를 후계자로 삼게 할 심산이었던 것이다. 이처럼 여불위는 자초가 진나라로 복귀할 수 있도록 계획을 치밀하게 세웠다.

'영웅은 미인에 약하다'고 하지 않았던가! 하물며 자초와 같이 오랜 타향살이에 지친 사람이라면 더더욱 미인에게 위로받고 싶었을 것이다. 여불위는 이러한 자초의 약점을 이용했다. 여불위에게는 거금을 들여 애첩으로 삼은, 당시 조나라 최고의 미인 조희趙姬가 있었다. 그를 애첩으로 삼은 지 3개월 뒤 임신을 하자 여불위는 때가 왔음을 알고 조희에게 이렇게 일렀다.

"내가 너를 데리고 온 것은 천하를 얻기 위해서였느니라. 너의 아름다움으로 자초를 유혹 하거라. 네가 아들을 낳는다면 그 아이가 왕위를 계승하게 될 것이다. 그러면 자초가 세상을 떴을 때 세상은 우리의 것이 될 것이야!"

다음 날 여불위는 상의할 일이 있다며 자초를 초대했고, 조희를 불러 그의 곁에서 시중을 들게 했다. 과연 예상이 적중했다. 자초는 조희의 아름다움에 마음을 빼앗겨 염치 불구하고 여불위에게 조희를 달라고 졸랐다.

여불위는 겉으로는 화를 냈지만 속으로는 자신의 계획이 척척 들어맞음에 기뻐했다. 그는 짐짓 냉정을 되찾으려는 척 잠시 바람을 쏘인 뒤 돌아와서는 조희를 주겠다고 약속했다.

자초는 조희를 얻은 후 매일 얼굴에 혈색이 돌았다. 눈 깜짝 할 사이에 8개월이 흘렀고 조희는 오뚝한 콧날과 큰 눈을 가진 잘 생긴 아들을 낳았다. 정월 초하루에 출생했다고 하여 아기의 이름을 정政이라 지었다. 이 아이가 바로 나중에 진시황이 되는 영정嬴政이다.

영정은 출생 후 조나라에서 자랐다. 9세가 되던 해 아버지인 자초가 태자가 되면서 어머니를 따라 진나라로 돌아왔다. 그 뒤, 조부가 돌아가시자 자초가 왕위를 계승했다가 영정이 13세가 되던 해 자초가 세상을 떠나면서 영정이 진나라 왕이 되었다. 어머니를 태후로 모시고 여불위를 승상으로 중용함으로써 마침내 여불위는 진나라의 모든 국정을 쥐락펴락하기 시작했다.

여불위는 자신의 애첩을 포기한 대신 진나라의 강산을 얻을 수 있었으니, 이것이야말로 작은 것을 버림으로써 더 큰 이익을 얻은 전형적

사례라 하겠다.

무슨 일이든 크게 멀리 보고 결과를 위해서 잠시 작은 이익쯤은 접어 둘 줄 알아야 한다. 이는 누구에게나 해당하는 진리이다. 사업을 하다가, 혹은 인생을 살아가면서 어려운 일에 맞닥뜨렸을 때 앞으로 나아갈 줄만 알고 물러날 줄 모른다면 어떨까? 게다가 얻으려고만 할 뿐 조금이라도 손해 보는 것을 싫어한다면? 당연히 결과적으로 큰 손해를 볼 수밖에 없다.

부처님께서 "버려라. 버릴 줄 알아야 크게 얻을 수 있다."라고 말씀하셨다. 많은 사람들도 "인생살이를 배우려면 버리는 법부터 배워라!"라고 말한다. 그렇다! 포기할 줄 알면 작은 것을 버려 큰 것을 얻는 큰 지혜를 갖추게 된다. 버려야 하는 것은 처음부터 내 것이 아니었다고 생각하라.

선택과 포기를 아는 사람이만이 자신이 가진 모든 것을 소중히 여길 수 있다. 때로는 놓치기 아까운 것도 있을 수 있다. 그러나 버리는 법을 배우면 털어버릴 것은 훌훌 털어버리게 돼 가뿐하게 다시 시작할 수 있다.

경험이 많은 사람들은 자신을 다스리는 법을 알기 때문에 가뿐하고 경쾌하게 살 수 있지만, 경험이 부족한 사람들은 늘 불쾌한 과거를 떠올리며 사소한 일 때문에 괴로워한다. 이런 상처 때문에 괴로워하는 것은 어리석은 짓이다.

비어 있지 않고는 들어 갈 것이 없고 가득하지 않고는 이길 수가 없다. 가득해야 할 때 가득할 줄 알고 비어 있어야 할 때 모든 것이 들어올 수 있도록 비어 있어야 하며, 모질 땐 서리 같이 모질 줄 알고, 둥글둥글 할 땐 한 없이 둥글 줄 알아야 한다는 말이 있다.

조금 더 멀리 바라보는 지혜의 시안을 가지고 비우는 마음의 자세를 갖도록 하자. 의미 없는 과욕은 좌절과 실망을 낳을 뿐이다. 진정한 행복은 많이 가진 것에 있지 않고, 작은 것을 얻음에도 일상에 기쁨으로 감사하는 것에 있음을 깨달아야 한다.

수십 년도 잠깐이다. 인생을 살다보면 아쉬움과 후회가 남게 마련이다. 포기할 줄 아는 사람만이 일을 순조롭게 풀어나갈 수 있다.

인생은 연극이고 모든 사람은 자기 인생의 연출자나 다름없다. 적절한 시기에 선택하고 포기할 줄 아는 사람만이 훌륭한 삶을 연출할 수 있으며, 인생의 경지에 이를 수 있다.

✒ 실천을 위한 조언

붙들려고 할수록 더 많이 잃어버리게 마련이며, 눈앞의 사소한 이익에 집착하면 할수록 더 큰 이익을 잃어버린다. 단, 어떤 선택을 하느냐가 얼마나 얻을 수 있는지를 결정하므로, 작은 것은 버리고 큰 것을 취할 줄 아는 현명한 사람이 되어야한다.

06

선제공격으로
주도권을 잡아라

목표를 위해서 때로는 상대방에게 선제공격을 하면 기선을 제압하고
주도권을 쥘 수 있다. 이는 전략적인 측면에서는 시간을 벌고 상황을
이끌어간다는 장점이 있고, 전술적인 측면에서는 먼저 공격함으로써
적을 위협한다는 장점이 있다.

중국 춘추전국 시대 뛰어난 장
인이었던 공수반公輸班이 성을 공격하는 신형 무기인 운제雲梯를 발명했
다. 당시 초楚왕은 이 무기로 송宋나라를 칠 궁리를 하고 있었다. 묵자
墨子는 이 소식을 듣자마자 열흘 밤낮을 쉬지 않고 달려가 초나라에 있
던 공수반을 찾아왔다. 묵자는 송나라를 치지 말라는 뜻을 직접 말하
지 않고, 북방에 아무개가 자신을 업신여기고 있으니 그를 죽이도록 도
와달라고 돌려 말했다. 그리고는 자신을 도와주기만 하면 많은 황금을
주겠노라 약속했다. 그럼에도 공수반은 단호하게 거절했다.

"저는 인仁과 의義를 아는 사람입니다. 함부로 살인을 할 수는 없지요."

묵자는 그제야 자신이 그를 찾은 진짜 이유를 말하기 시작했다.

"초나라는 인구는 적은데 국토는 넓습니다. 게다가 송나라는 지금까지 단 한 번도 초나라에게 해가 되는 일을 한 적이 없습니다. 그런데 왜 초는 송을 치려는 것입니까? 방금 인과 의를 아는 분이라고 하셨습니다. 초왕을 도와 송을 공격하면 무고한 백성들이 목숨을 잃게 될 텐데, 저를 업신여기는 사람을 죽이는 것은 안 되지만 백성들을 죽이는 것은 된다는 말씀이십니까?"

그러자 공수반은 말했다.

"그 말도 일리는 있으나 저는 이미 초왕을 돕겠다고 약속을 했습니다."

묵자는 자신의 목적이 절반은 달성됐음을 느끼고 그와 함께 초왕을 직접 만나러 가기로 했다.

묵자는 초왕을 만나 자신의 뜻을 완곡하게 전달했다.

"화려하고 편안한 마차를 가진 사람이 있었는데, 자신의 좋은 마차는 놔두고 이웃집 낡은 마차를 훔쳤습니다. 자신의 비단옷은 입지 않고 이웃의 너덜너덜한 옷도 빼앗아 입었답니다. 자기 집 산해진미는 젓가락도 안 대고 도리어 이웃집 조악한 음식을 탐냈지요. 이런 사람을 어떻게 보십니까?"

그러자 초왕은 탐욕스러운 사람이라고 대답했다. 그제야 묵자는 자신의 본래 목적을 언급하기 시작했다.

"초나라는 영토가 넓고 부유한 나라지만, 송나라는 영토도 좁고 가진 것 없는 나라입니다. 초나라 왕으로서 송을 치려고 하시면 이야기 속 탐욕스러운 자와 뭐가 다르겠습니까?"

그러자 초왕은 공수반이 이미 신무기를 만들었기 때문에 그래도 공격하겠다고 둘러댔다. 묵자는 초왕에게 공수반과 전쟁 시연을 할 수 있도록 허락해줄 것을 요청했다. 초왕이 허락하자 묵자는 자신의 허리띠를 풀러 성의 범위를 정하고 성을 지키는 쪽을 맡았다. 공수반이 아홉 가지 방법을 동원했지만 묵자는 이를 모두 저지했다. 이번에는 방식을 바꿔 공수반이 성을 지키고 묵자가 공격을 했다. 묵자가 세 번째 공격을 했을 때 공수반의 성이 완전히 함락되고 말았다.

공수반은 시연을 마치며 이렇게 말했다.

"저에게 선생을 이길 수 있는 마지막 방법이 있습니다."

그러자 묵자가 바로 말을 받았다.

"무슨 방법인지 압니다. 바로 저를 죽이겠다는 뜻 아닙니까? 하지만 저를 죽여도 소용없을 것입니다. 저의 모든 지식을 전수받은 제자 삼백 명이 이미 송나라로 갔으니까요."

초왕은 한동안 침묵을 지키고 있다가 마침내 송을 공격하지 않겠다고 약속했다.

묵자는 먼저 나서서 상대방을 설득하고 시종일관 상황을 주도함으로써 상대방이 수동적으로 당하고만 있도록 만들었다.

먼저 나서서 공격하면 상대방을 수동적으로 만드는 것은 물론 이미 함정을 만들고 기다리고 있는 상대방의 전략을 간파해 무너뜨릴 수 있는 장점도 있다.

어떤 일이든 먼저 손을 쓰면 우위를 점할 수 있다. 비즈니스 현장이나 상대방과의 중요한 상황에서, 형세가 불리할 때는 '선제공격법'을 써보자. 주도권을 확보하여 목적을 달성할 수 있을 것이다.

협상의 상대를 적으로 간주하지 말아야 한다. 인생에 꼭 함께 가야

할 동반자라는 인식이 필요하다. 자신이 구하는 것을 얻게 해 줄 사람
이라고 생각하고 상대가 먼저 무엇을 부탁하거나 요구하려는 모습이
비춰질 때, 시기를 잘 판단하도록 한다. 그리고 먼저 자신의 목적과 뜻
하는 것을 의미가 전달되도록 충분히 설명하는 것이다. 여기서 중요한
것은 여러 가지 상황에서도 상대방의 긍정적인 답을 얻는 것이다. 그
것이 선제공격의 목적을 달성한 의미가 있는 것이다. 물론 쉽지 않은
일이지만, 기본적으로 목적을 이루기 위해서는 이와 같은 많은 경험과
자신만의 노하우, 상대방과의 우호적인 관계 속에 신뢰가 있음을 전제
로 한다.

✍ 실천을 위한 조언

선의롭지 못한 것이 내 안에 존재한다면 즉, 신중함을 가장한, 생각의
깊이를 가장한, 오래 시간끌기, 나태함과 자신의 변명 등과 같은 것은
처음부터 잘라야 할 싹이다.

07

외부의 힘으로
자신의 목적을 이룬다

어떤 이는 "세상에 빌릴 수 없는 것은 아무것도 없다."라고 말했다. 자금에서부터 인재, 기술, 지혜에 이르기까지 불가능한 것이 없다. 세상은 이미 당신이 필요로 하는 모든 것을 빌려줄 준비가 되어 있다. 그러므로 당신은 단지 이들 자원을 모아서 지혜롭게 유기적으로 잘 결합시키기만 하면 된다.

✿ 아시아 네 마리 용 가운데 하나인 홍콩은 해외 다국적 기업과의 협력 경영, 유명 브랜드, 해외 원자재, 외국 기업의 판로 및 판매시장의 힘을 빌려 가공공업과 중계무역을 발전시켜왔다. 홍콩은 '순풍에 돛을 다는 전략'을 통해 매우 빠르게 발전할 수 있었던 것이다.

개인의 성공이란 사실 거의 대부분이 다른 사람들의 공으로 이루어진다. 이들이 무의식중에 우리에게 희망을 주고 격려와 지원을 아끼지 않음으로써 우리의 정신세계가 충분한 힘을 얻어 발전한다는 이야기다.

그러므로 무슨 일을 하든, 이용 가능한 모든 기회, 각종 사회적인 여건 및 힘을 이용하여 목표를 실현하는 법을 배울 필요가 있다. '나이키'도 이러한 사례 중 하나이다.

이제 '나이키'를 모르는 사람은 없다. 유명 브랜드가 넘쳐나는 요즘, 나이키는 이미 어린아이들도 아는 브랜드가 되었을 뿐 아니라 젊은이들 사이에서 인기가 높아 유행이 되다시피 한 지 오래다. 나이키가 이렇게 큰 영향력을 발휘한다는 것은 누구나 익히 알고 있지만 지금까지 어떻게 성장했는지 구체적인 스토리를 아는 사람들은 거의 없을 것이다. 연간 매출액이 수백억 달러가 넘는 나이키는 공장과 공장 근로자가 없는 미국 기업이다. 미국에 나이키 본사가 있기는 하지만 노동자들이 직접 제품을 생산하고 있지는 않다. 나이키 제품을 찍어내는 공장도 찾아볼 수 없다. 이쯤 되면 '나이키사가 신발을 생산하지도 않는다면서 이 많은 제품들이 다 어디서 나오는가?' 하는 의문이 생길 것이다. 그 비밀은 바로 '주변 여건을 활용한 발전' 전략에 있다.

1981년 10월 나이키는 해외 시장진출의 첫발을 내딛게 된다. 일본의 종합무역상사 닛쇼이와이_{日商岩井}와 나이키 일본지사를 공동 경영하게 된 것이다. 당시 나이키의 설립자인 필립 나이트_{Philip Knight}가 직접 일본을 방문하여 기업 오픈식에 참석해 축사를 발표하기도 했다. 나이키는 나이키 일본지사의 50%의 지분을 소유한 뒤 일본 고무회사가 보유하고 있던 기존의 나이키 상품 판매 권리를 일본지사로 이전했다. 그리고 일본 고무회사와 일본 고무회사의 인력을 이용해 나이키 제품을 생산한 다음 다시 나이키 측에 판매하겠다는 내용의 계약을 체결했다. 이로써 나이키는 빠른 속도로 일본 시장의 점유율을 높여갔다.

일본의 노동 임금이 미국보다 저렴하기는 하지만 그래도 고가인 것은 사실이다. 필립 나이트는 일본시장 진출에 성공한 뒤 전 세계 시장 공략 계획에 자신감을 얻게 되었다. 그 뒤, 원가를 절감하기 위해서 그는 임금 수준과 원자재 가격이 더 낮은 개발도상국을 물색하기에 이르렀다.

아시아에서 중국은 인구가 13억이 넘는 거대한 소비시장이다. 생활 수준이 향상됨에 따라 점점 더 많은 중국인들이 스포츠에 관심을 보이게 되었다. 그중에서도 수많은 청소년들의 관심이 가장 눈에 띈다. 필립 나이트는 중국이라는 시장, 특히 중국의 저렴한 노동력과 원자재에 주목하기 시작했다. 1971년 당시 41세였던 필립 나이트는 중국에 투자하고자 했을 당시 그는 중국에 대해 거의 아는 것이 없었다. 중국이라는 나라를 알기 위해서는 직접 가보는 것이 제일 좋겠다고 생각한 그는 중국에 방문할 계획을 세웠다. 1979년 중국은 광저우廣州에 수출입상품 설명회를 개최할 준비를 하고 있었다. 필립 나이트는 이 설명회야말로 중국 시장을 파악하는 데 더할 나위 없이 좋은 기회라고 생각했다. 그래서 즉각 홍콩으로 날아가 입국 수속을 밟았으나 여러 가지 이유로 인해 비자를 발급받지 못했고 이 때문에 중국 진출 계획의 첫 단추를 제대로 끼울 수 없었다.

어쩔 수 없이 일단 다른 나라를 찾아 나서기로 한 그의 눈에 타이완이 들어오기 시작했다. 필립 나이트는 타이완 역시 중국 대륙 못지않은 염가의 노동력과 원자재를 가지고 있으며 거기다 타이완의 경제력이 상당하다는 사실까지 깨달았다. 시장 규모는 작았지만 해상 교통의 요지여서 수출이 편리했기 때문에 남아시아 주변국까지 목표시장으로 아우를 수 있었다. 또한 타이완을 기점으로 하여 중국 대륙으로 진출할 수 있는 가능성도 충분히 엿보였다. 그래서 그는 신속하게 타이완에서 대리업체와 협력 파트너를 모집했다. 타이완과의 협력에 성공한 뒤 그는 또 다른 아시아의 일원, 바로 한국으로 눈을 돌렸다. 한국도 중국과 마찬가지로 저렴하면서도 풍부한 노동력을 갖추고 있었다. 필립 나이트는 이번에도 한국 시장에 성공적으로 진출했고 상당한 이윤도 벌어들였다. 전 제품은 나이키 본사가 직접 디자인하고 나이키와 계약을 체결한 아시아 협력업체들이 생산을 담당한 뒤, 나이키의 상표를 붙여서 판매하는 방식으로 나이키의 해외시장 진출 및 생산 계획은 순조롭게 이루어졌다.

그 후 필립 나이트는 1980년 7월 다시 중국 정부에 입국신청을 했고 드디어 허가를 받았다. 이로써 그의 중국행이라는 오랜 꿈이 이루어지게 된 것이다. 그는 중국 시장 조사 및 시찰 당시 여러 가지 상황에 대해 면밀히 분석하고 연구했다. 꼼꼼한 분석과 연구를 마친 그는 마침내 중국 시장에 투자하기로 결정을 내렸다. 그러나 그의 결정은 즉각적으로 회사의 거의 모든 직원들의 반대에 부딪쳤다. 모두들 리스크를 우려했던 것이다. 필립 나이트는 이 같은 리스크에 대해 이미 오래전부터 준비를 하고 있었다. 그는 이를 증명할 수 있는 자료들을 제시하면서 여러 차례 임직원들을 설득했고 마침내 동의를 받아냈다. 이로써 나이키는 가장 먼저 중국 시장에 진출한 미국 기업이 되었다.

그 후, 계속되는 협상을 거쳐 필립 나이트는 중국과 운동화 제조 계약을 체결하고 톈진天津, 상하이上海, 광둥廣東과 푸젠福建에서 나이키 운동화를 생산한 뒤 이를 미국 시장으로 판매하기 시작했다. 아울러'나이키'는 중국에서 차츰 고급 브랜드로 인식되면서 젊은 고객층 사이에서 핫 아이템으로 떠올랐다. 뿐만 아니라 중국 개혁개방 정책의 심화와 중국 국민들의 생활수준이 향상됨에 따라, 나이키의 중국 현지 시장에서의 매출액도 끊임없이 증가하게 되었다.

✎ 실천을 위한 조언

자신의 주위에 있는 것들을 최대한 활용하는 것을 잊지 말라. 깜짝 놀랄 만한 발전을 꿈꾸고 어마어마한 성공을 기대한다면 다른 사람의 힘과 장점을 빌리는 법을 배우자. 그래야만 여러 사람들의 장점과 강점을 토대로 더 큰 성공을 이뤄낼 수 있다.

The Power of Purpose 나를 이끄는 목적의 힘

행동가가 되라. 목표를 설정하고도 행동하지 않으면 당신의 목표는 이루어지지 않는다.
가만히 있지 말고 행동하라. 항상 '진보적인 사람'이 되라. -지그 지글러

말로써 상대방의 마음을 움직여라

'말 한마디에 천 냥 빚도 갚는다.' 는
속담이 있다.

그만큼 '말'이 살아가는 데 상당히 중요한 역할을 한다는 뜻이다.

유창한 언변을 자랑하는 사람은 다른 사람을 잘 설득해서 쉽게

도움을 얻을 수 있다. 그러므로 보다 적은 노력으로 더 큰 성과

를 얻을 수 있을 것이다.

01

자세를 낮추고
상대방을 존중하자

어떤 업종에 종사하든 다른 사람의 도움은 언제든 필요한 법이다. 특히 사업을 막 시작했을 때라면 다른 사람의 지원과 원조가 그 어느 때보다도 절실하다.

    살다보면 어려운 일을 만날 때가 있으며, 사람을 대하다 보면 곤혹스러운 상황에 처하기도 한다. 일처리를 하다 보면 숱하게 많은 걸림돌에 맞닥뜨릴 때도 있다. 이럴 때 강인한 자기 의지만으로는 힘에 부칠 수 있다. 억지로 어떻게든 해결해보려고 애를 쓰다보면 오히려 일을 그르치기 십상이다. 처리하기 까다로운 일 때문에 고민 중이라면 기발한 아이디어와 지혜의 도움을 받으면 된다. 반면 대인관계에서 발생한 문제라면 다른 사람에게 SOS를 외치는 것이 상책이다. 물론 도움을 청할 때는 경우에 따라 저자세를 취해야 할 필요가 있다. 그리고 앞으로의 성공을 위해서라면 잠깐의 치욕쯤은 참을 줄도 알아야 한다.

성공한 역사적 인물들 중에는 자신을 낮출 줄 알았던 사람들이 꽤 많았다. 상나라를 멸망시키고 주나라를 세운 문왕은 강태공이라는 인재를 얻기 위해 친히 가마에서 내려 그와 낚시를 했다. 유비가 제갈량을 얻기 위해 삼고초려를 했다는 이야기도 익히 들어서 잘 알고 있지 않은가.

자존심과 경쟁심이 강한 사람들이 안하무인격으로 말하고 자신을 낮추어야 할 때 오히려 거만하게 행동하면 겉보기에는 판도가 그에게 유리하게 돌아가는 것 같지만 결과적으로는 아무런 성과를 얻지 못할 것이다. 이는 일 처리뿐 아니라 대인관계에서도 마찬가지이다. 사람을 대할 때 지나친 호언장담을 하고 여지를 남겨두지 않는 사람은 좋은 평가를 받기 어렵다. 그러므로 우리는 늘 사람들과 대화하는 목적이 원만한 대인관계를 형성하고 자신의 일을 잘 처리하기 위함이라는 것을 기억해야 한다. 참고 양보하는 것이야말로 진짜 이기는 것임을 잊지 말자.

거드름을 피우거나 자신을 뽐내기에 바쁜 사람들에게는 취업의 문이 좁을 수밖에 없다. 이해득실에 연연하고 어떻게 하면 자신을 과시할 수 있을까만 고민하니 남들이 반길 리 없다. 기왕에 목표를 실현하기로 마음먹었다면 자신을 좀 낮추고 겸손한 사람이 되어보자. 그래야만 발전의 기회가 더 많이 찾아올 것이다.

젊은 청년이 회사에 입사하려고 한 예를 들어보자.

최고의 명문대 출신의 유능한 젊은 청년은 조건이 비교적 좋은 회사에서 근무하고 싶었다. 하지만 이곳저곳에 입사지원서를 넣어보고 면접도 여러 차례 봤지만 어찌된 일인지 채용되지 않았다. 그때 관심 있는 회사 임원에게 선물을 좀 해보는 게 어떻겠냐고 충고해주는 사람들도 있었지만 청년은 어떻게 해야 하는지 방법을 모를뿐더러 남에게 아첨하는 것 같아서 그렇게 하고 싶지도 않았다. 그러던 어느 날, 그의 딱한 사정을 알고 있던 한 친구가 청년에게 모 부장을 찾아가보라고 넌지시 권했다. 그는 친구의 권유에 못 이겨 부장의 사무실을 찾아갔지만 만날 수 없었다. 집에도 찾아갔지만 결국 허탕이었다. 심지어 그 집 가정부에게 몇 마디 싫은 소리까지 들어야 했다. 그는 화가 났지만 사내대장부가 여자랑 싸울 수는 없다며 꾹 참고 집으로 돌아온 뒤, 다시는 다른 사람에게 아쉬운 소리 따윈 하지 않겠다고 맹세했다. 청년을 설득했던 친구는 이 소식을 듣고는 한바탕 웃기 시작했다.

"임마, 이렇게 꽉 막혀서야 되겠냐! 사회생활 하기가 그렇게 쉬운 줄 알아? 겨우 몇 마디 듣기 싫은 소리 들었다고 이렇게 쉽게 포기하다니, 한심하다! 남에게 취직자리를 부탁하려면 될 때까지 계속 찾아가는 노력과 성의를 보여야 할 게 아냐. 창피한 것도 한순간이니까, 일단 얼굴에 철판 깔고 다시 한 번 해봐!"

청년은 친구의 일장 연설을 듣고 깨달은 바가 있어 다시 도전해보기로 결심했다.

다음 날 그는 얼굴에 '철판'을 단단히 깔고 부장을 찾아갔다. 사무실로 들어서자마자 부장에게 예의바르게 인사했고, 부장은 그에게 앉으라고 했다.

"부장님, 전략기획 부서에서 일하고 싶어서 이렇게 찾아왔습니다. 좀 도와주십시오."

"그쪽 부서라면 이미 경쟁이 굉장히 치열하다네."

"어렵다는 점을 알고 있습니다. 그래서 이렇게 부탁드리러 왔습니다. 저한테는 어려운 일이지만 부장님이 도와주신다면 충분히 가능성 있다고 생각합니다. 도와주십시오!”

“그 부서는 자리가 잘 안 나는 곳이란 말일세.”

부장이 이렇게까지 말했지만 청년은 끝까지 포기하지 않고 그를 계속 설득했다.

“정규직은 바라지도 않고, 비정규직이라도 상관없으니 일단 넣어만 주십시오. 마침 자리가 하나 비었다는 소식도 들었습니다.”

“좋네, 그럼 한 번 해보세.”

청년이 오랜 시간 설득한 결과, 부장은 결국 승낙해주었다.

부장의 도움을 받아 청년은 원하는 부서에서 근무하게 되었다. 이 청년의 사례처럼 실제로 자신을 좀 굽힐 줄 안다면 한두 마디 혹은 몇 마디 말로 일을 성사시킬 수도 있다.

살면서 해내야 하는 일이 무수히 많고 그만큼 수많은 사람들에게 부탁도 해야 한다는 사실을 모르는 사람은 아마 없을 것이다. 만사를 남의 도움 없이 처리한다는 것은 실제로 불가능하다. 어떤 이들은 다른 사람에게 부탁을 해도 쉽사리 통하지 않는다고 조급해하고 불안해한다. 하지만 상대방은 어쩌면 당신의 인내심과 자질을 시험하고 있을지도 모르는 일이다. 때로는 참고 굽힐 줄 알아야 성공하는 법이다.

노자는 “딱딱한 이가 다 빠진 후에도 부드러운 혀가 아직 남아있다는 것은 부드러움이 강함을 이길 수 있음을 보여주는 것이다.”라고 말했다. 전쟁터에서 적의 총알이 빗발칠 때 가장 현명한 대처방법은 납작 엎드려 총알을 피하는 것이다. 그래야 최대한 위험을 피할 수 있다. 때로는 ‘저자세’가 ‘고자세’보다 목숨을 부지하는 데 더 유효한 법이다. 자신을 낮추는 법을 배워 필요할 때 굽힐 줄 아는 것은 나약하거나 두려움 때문이 아니라 살아가는 큰 지혜이자, 수신, 입신, 처세에서 없어서는 안 될 자세이며, 일을 성사시킬 수 있는 방법이다. 그러므로 늘 목에 힘을 주고만 있을 것이 아니라 굽혀야 할 때는 굽힐 줄 알아야 한다.

그렇다면 어떻게 자세를 낮출 것인가?

우선, 겸손한 태도로 타인을 존중해야 한다. 다른 사람이 도움을 주길 바란다면 말을 할 때도 상대방을 충분히 존중해주어야 한다. 도움을 청하는 대상이 지위가 높건 낮건, 부유하건 가난하건, 자세를 낮추고 상대방을 높여야 한다.

다음으로, 상대방이 듣기 싫어하는 말을 해서는 안 된다. 반드시 상대방을 칭찬해야 한다는 것을 기억하자. 〈칭찬은 고래도 춤추게 한다〉는 말도 있다. 누구나 칭찬을 들으면 기분이 좋아지면서 얼굴에 만족스러운 웃음을 띠게 되어 있다. 칭찬을 하면 대화가 한결 부드럽게 진행될 뿐만 아니라 목표도 좀 더 쉽게 이룰 수 있을 것이다.

마지막으로, 요령 있게 대처할 줄 알아야 한다. 특수한 상황이나 장소에서 난처해졌을 때는 화제를 바꾸거나 방법을 우회해서라도 목표를 달성하는 것이 관건이다. 그래야 '막혔던 길도 뻥 뚫리는 법'이다.

일상 생활 속에서 일을 성사시키거나 잘 처리하고 싶을 때 목에 힘을 빼고 자세를 조금 낮추면 남의 도움을 얻어 목표를 달성하기가 훨씬 수월해질 것이다.

02

훌륭한 유머가
목적을 돕는다

유머 있는 사람, 말을 재치 있게 하는 사람은 언제나 사랑받는다. 그다지 잘생기거나 예쁘지 않은 코미디언들이 인기가 많은 것도 같은 이치이다. 재미있는 말로 주위 사람들을 웃게 만드는 그들과 함께 있으면 즐겁기 때문이다.

유머란 생활 속의 재미있는 특징들을 포착해서 번뜩이는 아이디어와 지혜를 가미해 재구성하는 능력이다.

어느 날 독일의 작가 괴테Johann Wolfgang von Goethe는 자신에게 극심한 비난을 퍼부었던 사람과 우연히 길에서 마주치게 되었다. 그 평론가는 매우 거만하게 "나는 바보 같은 사람에게 길을 양보해본 적이 한 번도 없소." 라고 말했다. 그러자 괴테는 재치 있게 "난 정반대요."라고 대답했다.

유머란 품위 있는 대처방법이자, 지혜있는 삶을 사는 자세이기도 하다. 예로부터 성공한 사람들은 대부분 재치 만점에 유머러스하다는 공통점이 있다. 유머 있게 말하는 기술은 사업상 성공과 발전을 이루는 데 상상을 초월하는 역할을 한다. 유머를 잘만 활용하면 지금 하고 있는 일을 성공으로 연결시킬 수도 있을 것이다.

고급 레스토랑에서 냅킨을 목에 걸고 식사하는 손님이 있었다. 이를 못마땅하게 여긴 레스토랑 매니저가 웨이터를 불러 "저 신사분께 냅킨을 목에 걸면 안 된다고 최대한 정중하게 말씀드리게." 라고 이야기했다. 그래서 웨이터는 신사의 테이블로 다가가 예의바르게 "손님, 이따가 면도나 이발하러 가시는 건 아니죠?" 라고 물었다. 신사는 그제야 부끄러운 듯 얼른 냅킨을 뺐다.

유머는 인격을 구성하는 중요한 요소이다. 유머 있는 사람은 주변 사람과 사물에 여유로워질 수 있기 때문에 생활 속에서 마주하게 되는 갖가지 스트레스에 보다 유연하게 대처할 수 있다. 다시 말해, 유머러스한 성격을 가진 사람은 다른 사람과의 서먹한 관계를 개선하기도 쉽고 상대방의 적대감을 없앨 수도 있다. 이에 따라 불협화음은 줄어드는 반면 즐거움은 배가 될 수 있다.

한번은 어떤 고객이 유명 레스토랑을 방문하게 되었다. 자리를 안내받은 고객은 메뉴를 찬찬히 살펴본 뒤 '랍스터' 요리를 주문했다. 그런데 막상 주문한 요리가 나오고 보니 집게 하나가 없는 게 아닌가! 고객은 당장 서빙 담당자에게 매니저를 불러달라고 요청했다.

매니저는 즉시 사과했다.

"선생님, 죄송합니다. 랍스터는 원래 잔인한 동물입니다. 아마도 저희들끼리 싸우다가 물어 뜯겼나봅니다."

그러자 그 고객이 아주 재치 있게 맞받아 주문을 했다.

"그럼, 싸워서 이긴 랍스터 맛 좀 볼까요?"

매니저와 고객 모두 유머러스한 대화를 통해 완곡하지만 정확하게 문제점을 지적하고 있음을 알 수 있다. 이처럼 유머 감각이 돋보이는 대화를 통해 레스토랑 측은 명성을 유지하는 동시에 고객의 이익도 더불어 보호할 수 있었던 것이다. 결국 양쪽 모두 자신의 목표를 이룬 셈이다.

인생을 살다보면 긴박하면서도 꽤나 까다로운 문제에 봉착할 때가 있다. 그럴 때 임기응변하면서 적절히 유머 감각까지 발휘한다면, 손해를 보는 것을 막을 수 있을 뿐 아니라 아주 간단하게 타인이 당신을 돕게 만들 수도 있다. 또 다른 예를 들어보자.

농장에서 일하는 농부에게 미친 듯이 달려드는 개가 있었다. 참다못한 농부는 어느 날 퇴비를 처리할 때 쓰는 쇠스랑으로 개를 때려죽였다. 개 주인은 농부를 법원에 기소하고 손해배상을 청구했다.

판사는 농부에게 "쇠스랑을 뾰족하지 않은 쪽으로 거꾸로 들고 때렸으면 개가 죽지 않았을 거 아닙니까?" 라고 물었다. 그러자 농부가 이렇게 말했다.

"100% 옳은 말씀이십니다. 그런데 판사님, 만약에 개도 거꾸로 엉덩이를 들이대면서 달려들었다면 저도 그렇게 하지는 않았을 겁니다!"

결국 농부는 무죄판결을 받았다.

대인관계를 맺다보면 대화해야 할 때, 설득해야 할 때, 연설을 해야 할 때, 부탁을 해야 할 때 등 여러 가지 상황이 있을 수 있다. 그럴 때마다 적절한 유머를 섞어서 뜻을 전달한다면 전달 효과를 높이는 것은 물론이고, 어느덧 훌륭한 언어의 마술사로 변신해 있는 자기 자신도 발견할 것이다.

링컨 대통령은 유머를 잘 구사하기로 유명하다. 한번은 그가 지인과 이야기를 나누며 연설장소를 향해 나란히 걸어갈 때였다. 대통령의 모습이 보이기 시작하자 이미 한참 전부터 '대통령 훈시말씀'을 듣기 위해 대기하고 있던 사병들이 일제히 환호하기 시작했다. 그러나 지인은 그때까지도 대통령을 따라 앞으로 더 나가서는 안 된다는 것을 깨닫지 못하고 있었다. 바로 그때, 한 참모가 나서서 뒤로 물러나라고 외쳤고, 그제야 실수를 깨달은 지인은 부끄러움에 얼굴이 화끈 달아올랐다. 상황을 지켜보던 링컨 대통령은 잔잔한 미소 띤 얼굴로 이렇게 말했다.

"벨먼스Belmans, 우리가 동시에 나가면 누가 대통령인지 청중들이 알아차리지 못할까봐 그런 거라네!"

이 짧은 한마디는 어색해진 분위기를 단번에 해소시켰다. 이처럼 유머 감각이 풍부한 사람은 난처한 상황을 바꿀 수도 있고 무슨 일을 하든지 남의 기분을 상하게 하는 법도 없다.

때로는 기업 내에서 뛰어난 유머와 재치를 자랑하는 경영진이나 임원이 긍정적인 성과를 유도할 수도 있다. 경영진 1,160명을 대상으로 여러 가지 질문을 한 결과 다음과 같은 사실을 알게 되었다. 전체 중 77%의 경영진은 직원회의 때 양쪽 의견이 팽팽하게 대치하고 있는 상황에서 농담으로 분위기를 바꾼다고 대답했다. 또, 52%는 유머가 일하는 데 도움이 된다고 생각하고 있었다. 전체 경영자의 50%는 기업이 '유머 카운슬러'를 채용해서 직원들이 보다 부드러운 분위기 속에서 근무할 수 있도록 해야 한다고 생각했다. 또, 39%는 직원들에게 마음껏 소리 내어 웃는 것을 권한다고 밝혔다. 일부 유명 다국적 기업은 회장에서부터 각 부서 과장에 이르기까지 유머를 가미한 일상적 관리 전략을 실행하고 있었으며, 직원연수 프로그램에 유머 교육이 빠지지 않는다는 사실도 확인할 수 있었다.

유머란 인생의 지혜이자 일종의 예술이다. 유머가 있어야 사람과 사람, 사람과 사회가 더욱 조화롭고 원활하게 어울릴 수 있다. 유머는 불안한 심리를 평온하게 만드는 등 사람들의 심리를 변화시키는 힘이 있다. 사람들 간의 마찰을 완화시키기도 하는 갈등 해소 기능도 있다.

구소련의 교육자로 유명한 구르지예프Gurdzhiev가 생물 수업을 할 때였다. 갑자기 한 학생이 닭 울음소리를 흉내 냈고, 교실은 순식간에 엉망이 되었다. 그러나 그는 아무 일 없었다는 듯이 태연하게 벽에 걸린 시계를 보더니 "저 시계가 고장 난 것 같군요. 지금이 새벽인 줄 미처 몰랐습니다. 어쨌든 여러분, 수탉이 새벽마다 우는 건 하등동물의 본능 때문이라는 점을 기억하세요." 라고 말했다. 낄낄거리며 웃고 떠들던 교실이 순식간에 조용해졌다. 엄숙함을 되찾은 교실에서 다시 정상적으로 수업이 진행되었다.

적절한 유머를 구사할 줄 알면 목표를 좀더 수월하게 실현할 수 있다. 일이 성사되기를 바라는가? 그렇다면 반드시 유머감각을 갖춰야 한다. 그래야만 시기적절하게 유머를 구사해서 사람들의 마음을 더욱 쉽게 움직일 수 있고, 나아가 현재 추진 중인 일도 완성할 수 있는 것이다. 하지만 언제 어디서나 유머가 통하는 것은 아니다. 정말 능력 있는 사람은 적절한 때를 봐가며 자신의 유머 감각을 발휘한다.

유머를 사용하여 목표를 실현하고 싶다면 다음 사항을 꼭 실천하도록 하라.

1) 유머를 빙자해 빈정대거나 남을 조롱해서는 안 된다.

다른 사람의 동작이나 말을 그대로 흉내 내 웃음거리로 삼아서도 안 되며 끊임없이 농담을 지껄여서도 안 된다. 정련되고 깔끔한 언어로 유머를 구사해야 좋은 반응을 얻을 수 있다.

2) 타인과 대화를 할 때 쉬지 않고 농담을 하는 것은 바람직하지 않다. 오히려 자신을 '우스운 사람'으로 만들어버려서 좋지 않은 인상을 심어줄 수 있기 때문이다. 만약 누군가 쉴 새 없이 농담을 지껄인다면 그의 유머는 진정한 효과를 발휘할 수 없다.

3) 모임의 때와 장소를 가려야 한다.

일상생활에서 우리의 유머 감각을 발휘할 수 있는 장소나 기회는 아주 많다. 예컨대 무더운 한여름 휴양지에서, 따분하게 탑승을 기다리는 공항 라운지에서, 아내 혹은 남편과 달빛을 받으며 산책하는 낭만적인 순간 등등. 하지만 엄숙한 분위기가 흐르는 곳이나 진지한 회의 도중, 장례식 등 절대 농담을 해서는 안 될 때도 있다. 이 밖에 결혼 피로연에서 신랑신부의 연애 에피소드를 소재로 농담을 하거나 당부하고 싶은 말을 전할 수는 있겠지만 신랑신부의 외모, 나이 혹은 프라이버시 등 민감한 부분을 농담거리로 삼아서는 안 된다.

4) 기회를 잘 포착해야 한다.

당신의 유머가 사람들을 기쁘게 한다거나 분위기를 즐겁게 바꿀 수 있다면 망설이지 말고 유머 감각을 마음껏 발휘해보자. 다른 사람이 당신에게 더 많은 호감을 갖고 기꺼이 당신을 도울 거라는 확신이 들었다면 유머 있는 말을 많이 해도 무방하다. 그러나 분위기가 심상치 않다고 느꼈을 때는 즉각 멈추도록 하자.

5) 대화 상대가 누구인지 주의하자.

성별, 신분, 지위 등을 가려서 유머를 구사해야 한다. 일반적으로 친한 친구, 같은 고향사람, 동창, 익숙한 직장 동료, 오랜 부하직원과는 농담을 주고받아도 괜찮다. 설령 조금 지나친 유머를 구사하더라도 용인된다. 그러나 상대가 상사, 유명인사, 연장자, 낯선 사람, 괴팍한 성격의 소유자, 일이나 직업에 불만이 많은 사람, 여성, 그중에서도 특히 나이를 분간하기 어려운 여성일 경우에는 유머와 농담을 삼가해야 한다.

유머는 목표달성을 수월하게 만들고 남들에게 기쁨을 선사하는 등 좋은 점이 많다. 이뿐 아니라, 적대감을 없애주고 갈등이 심화되는 것을 막아주기도 한다. 회사의 임원이나 경영인은 유머를 통해 직원들의 사기를 진작시킴으로써 생산 효율을 높이는 효과도 있다.

미국 콜로라도 주의 한 기업이 실제 조사해본 바에 따르면, 회사 간부들에게 유머능력 강화수업을 듣게 한 결과 9개월 만에 회사의 제품 생산량이 15%나 늘어나고 직원들이 병가를 내는 횟수가 절반으로 줄어들었다고 한다. 이러한 실제 사례를 통해 유머를 접목시킨 인사관리가 얼마나 성공적인지를 확인할 수 있다.

일상생활 속에서 혹은 일하면서 유머를 많이 구사하도록 하자. 유머가 성공의 촉매제가 되어 다른 사람들의 마음을 쉽게 움직임으로써 최종적으로 목표에 도달할 수 있도록 도와줄 것이다.

✒ 실천을 위한 조언

유머를 구사하는 것은 결코 어려운 일이 아니다. 때로는 유머 섞인 말 한마디로 남의 도움을 얻을 수도 있다. 대화할 때는 얼굴에 미소를 지으며 너무 직설적이고 딱딱한 말만 구구절절 늘어놓지 말고, 가급적 즐거운 대화가 되도록 하라.

03

칭찬은
고래도 춤추게 한다

남을 치켜세운다는 것은 사실을 근거로 적당히 상대방을 칭찬하여 그
가 장점을 발휘할 수 있도록 돕는 것으로, 한도 끝도 없이 아첨하는 것
과는 거리가 멀다.

      사람들 사이에서 '치켜세우다'
란 말이 부정적으로 쓰이고 있는 듯하다. 그래서 남을 치켜세우는 사
람들은 아부하는 사람으로 낙인찍혀 주위의 따가운 눈총을 받게 된다.
이유는 간단하다. 첫째, 자신의 인격에 흠이 생긴다고 생각하기 때문에.
둘째, 자신을 과대평가해 남을 치켜세울 이유가 없다고 생각해서. 셋째,
남을 치켜세우면 자신의 부족함이 두드러져 보일까봐서. 그러나 사실
남을 치켜세운다는 것은 현명한 처세술의 하나로 맹목적으로 남에게
아부하는 것과는 본질적으로 다르다.

적당한 칭찬은 우정을 돈독하게 하고 모두의 발전을 도울 수 있다.
일본에서 '세일즈의 신神'이라 불리는 하라이치 헤이原一平는 칭찬이

세일즈의 성공비결이라고 말했다.

한 번은 하라이치 헤이가 모 기업 사장을 찾아갔다.

"선생님, 안녕하십니까?"

"누구신지요?"

"저는 보험회사에 다니는 하라이치 헤이라고 합니다. 명성이 자자하신 사장님의 고명한 의견을 듣고자 오늘 이렇게 찾아뵙게 되었습니다."

"네? 명성이 자자하다고요?"

"그렇습니다. 모두들 이 문제에 관한 한 사장님을 찾아가보라고 하던데요."

"아, 그렇습니까? 몸 둘 바를 모르겠네요. 그런데 무슨 문제가 있으십니까?"

"예, 그럼, 말씀드리겠습니다."

"계속 그렇게 서 있지 말고 거기 앉으세요."

상대방을 칭찬하는 것은 우리 주변에서 흔히 볼 수 있는 모습으로, 상대방의 마음을 가장 빨리 얻을 수 있는 방법이다.

사람은 누구나 기분 좋은 말을 듣고 싶어 한다. 이 점을 기억했다가 적절히 사용하면 큰 도움을 받을 수 있다.

어떤 회사에 건방지고 오만한 사장이 있었다. 그가 워낙 딱딱하고 쌀쌀맞게 구는 통에 가까이 다가가려는 사람이 없었다. 하루는 외부에서 온 손님이 사장을 처음 보자마자 그의 성격을 파악하고는 미소 띤 얼굴로 담배를 권하며 말했다.

"사장님, 제가 여기 오자마자 사장님이 화통하고 유능한데다 속도 넓은 분이시라는 얘기를 들었습니다. 특히 외부 사람들에게 각별히 친절하시다면서요!"

사장은 이 말을 듣고 곧바로 함박웃음을 지으며 본격적으로 업무 이야기를 하기 시작했다.

적당한 타이밍에 상대방을 치켜세우는 말을 하면, 듣는 상대방도 자연히 자기 이미지 관리 차원에서라도 부드럽고 친화적인 사람으로 변하게 돼 있다. 그렇게 되면 당신의 목표는 이미 절반은 달성된 것이나 마찬가지이다. 상대방을 치켜세우고 칭찬을 할 때는 다음 세 가지 사항에 주의해야 한다.

1) 사람에 따라 칭찬하는 방법도 다르다.

사람마다 수준과 연령 등 차이가 있으므로 칭찬하는 방법도 사람에 따라 달라야 하는데, 대개 듣는 사람의 특징이나 개성에 포커스를 맞추면 성공적이다. 어르신들은 남들이 자신의 전성기를 기억해주길 바란다. 그러므로 이들이 자랑스러워하는 과거에 대해 칭찬을 해야 점수를 딸 수 있다. 젊은 직장인들을 대할 때는 이들이 거둔 성과와 벤처정신을 약간 과장되게 칭찬하고, 여기다가 몇 가지 실례를 들어 이들이 전도유망前途有望하다고 띄워주면 금상첨화다. 또, 사업하는 사람에게는 명석한 두뇌와 사업 수완에 대해 칭찬해야 한다. 단, 이때 각별히 주의해야 할 점이 있는데, 바로 모든 말은 사실에 근거해야 한다는 점이다.

2) 진심으로 말해야 감동시킬 수 있다.

누구나 칭찬을 들으면 기분이 좋아지지만, 뜬금없는 칭찬은 예외이다. 근거 없는 말이 아니라 사실에 근거한 진심 어린 칭찬이어야만 상대방을 기쁘게 만들 수 있다. 만약 사물을 꿰뚫어 볼 줄 아는 지혜로운 사람 앞에서 입에 발린 아부를 한다면 소인배로 낙인찍혀 더욱 무시당할지도 모른다. 예를 들어, 못생긴 여성을 보고 "정말 아름다우시네요."라고 한다면 그 여성은 당신의 말이 거짓이라는 것을 알고 믿지 않을 것이다. 그러나 그의 옷이나 행동거지, 태도를 자세히 살펴보고 정말 훌륭한 점을 진심어린 말로 칭찬한다면 당연히 기쁘게 받아들일 것이다. 진심에서 우러나오는 칭찬의 말은 듣는 사람을 즐겁게 만들 뿐 아니라, 남의 좋은 점을 발견하는 과정을 통해 당신도 낙관적이고 즐겁게 인생을 대하는 법을 배울 수 있을 것이다.

3) 칭찬은 적시에 해야 한다.

상대방이 행동을 한 바로 다음에 칭찬을 해야 효과가 있다는 것을 기억하자. 누군가가 계획에 따라 아주 의미 있는 일을 한다면, 시작할 때의 칭찬은 좋은 성과를 거두라는 격려가 될 수 있고, 일이 중반부에 접어들었을 때의 칭찬은 더욱 열심히 하라는 채찍질이 될 수 있으며, 일을 마쳤을 때의 칭찬은 성과를 높이 평가하며 앞으로도 지금처럼 꾸준히 노력하라는 뜻으로 전해질 것이다.

✒ 실천을 위한 조언

하루에 한 번 칭찬하는 습관을 갖도록 하자. 사실상 개인의 능력에는 한계가 있게 마련이다. 큰일을 이루고 싶다면 다른 사람을 칭찬하는 법을 배워야 한다. 그래야 때로는 적은 노력으로도 더 큰 효과를 볼 수 있다.

04

직설화법보다
간접화법이 효과적이다

도움을 청하려고 입에 침이 마르도록 열심히 설명했건만, 누구 하나 돕겠다고 나서는 사람이 없다. 이처럼 납득할 수 없는 상황은 언제나 일어나게 마련이다. 하지만 당신이 우회전술을 사용해도 결과가 같을 까?

제34대 미국 대통령이었던 아이젠하워Dwight David Eisenhower의 다음 이야기는 우회전략을 어떻게 사용해야 목표를 달성할 수 있는지 보여준다.

기자들과의 어느 만찬에서 아이젠하워는 대통령으로서 사람들의 요청에 따라 연설을 하게 되었다. 그는 조심스럽게 일어나 말했다.

"여러분들도 아시다시피 저는 언변이 좋지 못합니다. 어린 시절 처음으로 젖소를 사러 갔을 때의 이야기를 해드리겠습니다. 저는 농부에게 혈통이 좋은 젖소인지 물었습니다. 그랬더니 농부는 모르겠다고 하더군요. 저는 그 소가 일주일에 몇 번씩 우유를 짜냐고 또 물었습니다.

이번에도 농부는 모르겠다고 하더군요. 그러더니 제가 귀찮아진 모양인지 '네가 묻는 것들은 잘 모르겠지만, 이 소가 아주 정직해서 우유가 나오는 한 계속 우유를 제공할 거라는 점은 확신할 수 있습니다.'라고 덧붙였습니다."

아이젠하워는 미소 띤 얼굴로 기자들에게 이렇게 말했다.

"저도 그 소처럼 정직한 사람이 되겠습니다. 뉴스거리가 있는 한 여러분께 계속 드리겠습니다."

그러자 만찬회장은 순식간에 웃음바다로 변했다. 간단히 말해서, 우회는 상황을 유리한 쪽으로 끌고 가기 위해서 시간을 버는 전술이다. 상황에 따라서 대화가 잘 이뤄지지 않는다면 우회 기법을 사용해보자. 그러면 대화가 한결 더 매끄럽게 진행될 것이다.

유명한 스타가 인터뷰 도중 몇 마디 하지도 않았는데 갑자기 그만하고 싶다고 했다. 이럴 때 당신이라면 어떻게 하겠는가?

스타 : "죄송해요. 더 이상 인터뷰를 하고 싶지가 않네요."

기자 : "오해하지 마세요. 제 목적은 인터뷰가 아닙니다."

스타 : "그럼, 뭔가요?"

기자 : "전 단지 제가 들고 있는 이 많은 팬레터를 전달하려던 것뿐이었어요. 팬들을 대신해 응원도 하고요."

스타 : "어머, 너무 감동적이에요!"

기자 : "그럼 제가 팬들을 대신해서 몇 가지 질문 드려도 될까요?"

스타 : "네, 물론이죠."

상대방이 원치 않는 화제에서 살짝 벗어나 진심으로 감동시킨 다음, 상대방과 다시 대화할 수 있는 기회를 포착하기까지, 기자는 똑똑한 '우회 기법'을 통해 자신의 목적을 달성했다.

　다가가기 힘든 사람이 있다면, 상대방이 경계심을 거두고 부담 없이 당신을 받아들일 수 있도록'우회 기법'을 사용해 보자. 순조롭게 목적을 달성할 수 있는 도움이 될 것이다.

✎ 실천을 위한 조언

간접화법을 사용해보자. 그러면 상대방도 자기도 모르게 반응을 보이기 시작할 것이다. 이때 한 걸음씩 본론으로 들어가야 자연스럽게 목적을 실현할 수 있다.

05

상대방의 중요 관심사를
파악한다

미국 포드자동차의 창립자 헨리 포드는 "상대방의 입장에 서서 그의 태도와 마음을 이해하는 것이야말로 진정한 성공 비결입니다."라고 말했다. 무조건 빨리 자신의 목표를 이루려는 사람들이라면 새겨들어야 할 말이다.

19세기 당시 오스트리아 빈^{Wien}의 상류사회 여성들 사이에서는 높고 넓은 챙에 화려한 색상의 깃털이 달린 모자가 유행했다. 그래서 이들이 예술 공연을 관람하기 위해 극장을 찾을 때면 뒤에 앉은 관객들은 모자에 가려 무대가 제대로 안 보인다며 불만이 이만저만이 아니었다. 극장 주인도 처음에는 일일이 여성들에게 모자를 벗어달라고 요청했으나 대부분 들은 체 만 체 할 뿐이었다. 그러던 어느 날, 극장 주인의 머릿속에 기발한 생각이 떠올랐다. 그는 곧장 여성 관객들에게 이렇게 말했다.

"본 극장은 나이 드신 여성에게만 모자를 벗지 않도록 특별히 배려하고 있습니다.”

이 말이 끝나기가 무섭게 여성 관객들은 한 사람도 빠짐없이 모자를 벗었다.

빈의 상류층 여성들은 누구나 젊고 아름답고 싶어 해서 늙었다는 말에 극도로 예민했다. 극장 주인은 바로 이점을 이용하여 ‘모자를 벗은 여성들은 모두 젊다’는 메시지를 전달함으로써 소기의 목표를 달성할 수 있었던 것이다.

미국 제26대 대통령 루스벨트Theodore Roosevelt는 역사상 가장 성공한 정치가였다. 목동이든, 농민이든 정치인이든 기업인이든, 그를 만나본 사람들은 하나같이 루스벨트는 말이 잘 통하고 마음이 맞는 사람이라고 칭찬을 아끼지 않았다. 루스벨트는 사람의 마음을 얻으려면 그 사람이 가장 가치 있게 여기는 화제에 대해 이야기하면 된다는 사실을 잘 알고 있었다. 그래서 그는 지위고하를 막론하고 누군가를 만나기로 한 전날 밤이면, 상대방이 흥미를 느낄만한 것에 대한 자료를 꼼꼼히 읽었다. 이것이 바로 그가 모든 이들에게 좋은 평가를 받은 이유이다.

목표를 실현하고 싶다면 상대방이 원하는 것에서부터 대화를 시작해보자. 그 사람이 좋아하는 것에 대해 진지하게 이야기하고 진심에서 우러나온 칭찬까지 곁들이면, 상대방을 기쁘게 만드는 동시에 두 사람의 관계도 한층 더 가깝게 만들 수 있다. 관심을 가지기 위해서는 무엇보다 경청해야 한다. 그래야 상대의 정확한 마음을 읽을 수 있고 대화 도중에 동문서답하지 않는다. 그런 다음에 자신의 생각과 의견을 조심스럽게 꺼내보자. 그러면 상대방도 당신의 말에 성실하게 귀 기울이고 요청을 흔쾌히 받아들일 것이다.

상대방의 관심사를 알고 적절히 활용할 줄 아는 것은 상대방에 대한 세심한 배려를 전제로 진심에서 우러나오는 표현이기 때문에 아첨하는 것과는 차원이 다르다. 그러나 겉으로만 상대방을 생각해주는 척하면 진심이 없으므로 통하지 않을 것이다.

목표를 이룰 때 가장 중요한 것은 상대방의 마음을 읽는 것이며, 이를 위해서 그의 흥미, 관심사를 알아야 한다. 그래야만 상대방의 마음을 움직이고 나아가 성공할 수 있다.

인맥은 목표 실현을 위한 보조 장치이다

목표를 실현하는 데
인맥은 없어서는 안 될 중요한
요소이다.

성공한 사람들의 특징 중 하나는 친분을 활용하여 성공의 돌파구를 마련할 줄 안다는 점이다. 이들은 성사시키기 어려운 일도 인맥을 통해 차근차근 해결해나감으로써 인생목표를 실현한다. 한마디로 인맥이란 우리가 성공하는 데 꼭 필요한 보물 같은 자산이자, 성공을 도와주는 '보조장치'인 셈이다.

01

상대방의 마음을 얻으면
이길 수 있다

사람이란 감정의 동물이기 때문에 직장에서나 일상생활 속에서 누군가의 마음을 얻으면 성공하는 데 큰 도움이 될 것이다. 어려운 일을 만났을 때 '감정에 호소하는 법'을 써보자. 그러면 어려움을 극복하고 위기도 모면할 수 있다.

　　　　　　　　　　　　　　　⤴　생활하다 보면 "먼 친척이 가까운 이웃만 못하다. 고향사람을 만나면 늘 반갑다. 친구는 많을수록 좋다. 아는 사람이 있으면 일하기 수월하다." 등의 말을 주변에서 종종 들을 수 있다. 어느 하나 사람의 마음을 강조하지 않은 말이 없다.

'가는 말이 고와야 오는 말도 고운 법'이며, 세상에서 가장 얻기 어려운 것도, 가장 쉽게 움직일 수 있는 것도 '사람 마음'이다. 또, 살다보면 감정에 호소할 일이 참 많이 생긴다. 그렇다보니 실제로 많은 사람들이 알게 모르게 '사람 마음'을 얻기 위해 적지 않은 공을 들인다. 금전적인 투자와 비교했을 때 상대적으로 훨씬 쉽게 효과를 볼 수 있다는 점 역시 마음에 대한 투자에 주목하게 만든다.

후지타 덴藤田田 일본 맥도날드 사장은 자신의 모든 투자항목의 수익률을 조사한 결과 사람 마음에 투자할 때 가장 적은 비용으로 최대의 성과를 거둘 수 있다는 사실을 깨달았다.

실제로 그는 마음을 움직이는 경영에 능했다. 직원들이나 직원 가족들이 병이나 사고가 났을 때 즉시 지정 병원에 입원하여 치료를 받을 수 있도록, 일요일이라도 급하면 언제든 병원 치료를 받을 수 있도록 미리 매년 거액의 돈을 지정 병원 측에 제공했다. 직원들이 병에 걸리지 않으면 괜한 돈을 쓰는 셈이 아니냐고 후지타 덴 사장에게 묻는 이도 있었다. 그 때 사장의 대답은 이러했다.

"직원들이 안심하고 일할 수 있다면 맥도날드에게는 절대 손해가 아니랍니다."

이 밖에도 후지타 덴 사장은 늘 획기적인 아이디어를 선보이곤 했다. 예를 들면 생일을 맞은 직원에게 유급휴가를 제공하여 가족들과 즐겁게 생일을 축하할 수 있도록 배려하는 것이다. 그래서 맥도날드 직원들에게 생일은 태어나서 기쁜 날이요, 쉴 수 있어서 좋은 날이었다. 직원들이 가족들과 즐거운 하루를 보내며 활력을 충전한 다음, 직장으로 돌아와 다시 열심히 일하면 누이 좋고 매부 좋은 일이 아닌가?

후지타 덴 사장은 "감정 투자를 늘리는 것은 그럴만한 가치가 있다. 들이는 비용에 반해 더욱 효과적으로 직원들이 적극적인 자세를 이끌어낼 수 있으므로 그 어떤 투자도 비교할 수 없는 이익을 가져다주는 셈이다."라고 믿었다.

일본의 기업가들은 이처럼 기업 내부의 가족적인 분위기를 매우 중요하게 여기기 때문에 직원과 회사 경영진의 '마음을 이어주는 끈'을 만드는 데 일가견이 있다. 이들은 기업을 '하나의 공동체'로 만들고, '가족 같은 분위기'를 형성해야 한다고 주장한다. 그래서 직원들에게 보너스를 제공하고 생일을 함께 축하하는 일에 결코 소홀한 법이 없다. 직원이 결혼, 승진, 출산, 수상을 할 때면 사장이 직접 축하함으로써 직원들에게 가족적인 기업에서 근무하고 있다는 사실을 다시 한 번 상기시키는 것이다.

일본 산토리Suntory사의 창업주 도리이 신지로鳥井信治郎 사장은 "방안에 빈대가 있어서 잠을 못자겠어요." 라는 직원의 불평을 듣고 그 날 저녁 직원의 방으로 찾아가 촛불을 들고 빈대를 잡았다고 한다. 산토리의 발전에 큰 공헌을 한 사다 쓰요시佐田剛가 입사한지 얼마 되지 않았을 때 부친상을 당했을 때도 도리이 신지로 사장은 전 직원을 이끌고 빈소를 방문해 도움을 주고, 장례식이 끝난 후에는 택시를 불러 사다 쓰요시와 그의 모친을 직접 집까지 바래다주었다. 훗날 사다 쓰요시는 회사 임원이 되고 나서 "그때부터 나는 사장님을 위해 목숨이 내놓는 한이 있어도 뭐든지 하겠다고 생각했다."라며 당시 일을 회상하곤 했다. 이것이 바로 마음에 대한 투자의 위력이다.

적절한 시기에 상대방의 마음을 얻는 데 신경을 써두면 좋은 인맥 네트워크를 만들 수 있다. 이러한 인맥을 만들어두면 일하기 수월해지고 교제 범위도 점점 더 넓어진다.

"은혜를 배로 갚는다."는 말이 있다. 유능한 기업 경영인이 회사를 운영할 때 일본 기업인들처럼 직원들을 세심하게 배려한다면 직원들도 그만큼 기업에 헌신적으로 일할 것이다. 직원들이 적극적으로 일해야만 기업도 무럭무럭 성장할 수 있다. 그러므로 기업을 경영할 때 좋은 성과를 얻길 바란다면 직원의 마음을 경영하는 데 더욱 관심을 기울여야 한다.

미국의 한 텔레비전 공장이 경영부실로 인해 파산 위기에 처한 상황에서 실낱같은 희망을 가지고 일본 경영인을 고용했다. 그는 회사에 오자마자 세 가지 전략을 실시했다. 첫 번째로 직원들에게 커피를 대접하고 반도체 녹음기를 선물했다. 효과는 즉시 나타났다. "이렇게 더러운 환경에서 어떻게 생산을 할 수 있겠습니까?"라는 그의 말이 떨어지기가 무섭게 전 직원들이 즉각 환경미화에 돌입했다. 물론 공장은 전에 없는 깨끗한 곳으로 탈바꿈할 수 있었다. 두 번째 전략으로 그는 자발적으로 노조 책임자를 찾아가 "잘 부탁드립니다."라는 말을 전했다. 이 한 번의 발걸음으로 부하 직원들의 사용자에 대한 적대감이 눈 녹듯 사라졌을 뿐 아니라 직원들이 애사심을 고취시키는 효과도 더불어 얻을 수 있었다. 마지막 세 번째 전략으로 그는 '직원 감동' 작전을 선택했다. 일손이 부족할 때 새로 직원을 채용하는 것이 아니라 해고된 옛 직원들을 다시 고용함으로써 직원들의 마음을 훈훈하게 만들었다.

이 세 가지 전략을 실시한 뒤 직원들은 적극적으로 열심히 제품을 생산했고 그 덕분에 회사는 경영난을 타파했을 뿐 아니라 제2의 전성기를 맞이할 수 있었다.

이 일본 경영인은 어떻게 '같은 회사'를 '전혀 다른 모습'으로 바꾸어 놓을 수 있었던 것일까? 이 에피소드를 통해 그가 사용한 '전략'이란 사실 아주 쉽고 간단하다는 점을 발견했을 것이다. 그런데 현실에서는 많은 경영진들이 왜 이렇게 간단한 일에 소홀한 것일까? 일부 기업 사장은 실적이 좋을 때 직원들을 배려하는 좋은 뜻에서 보너스나 선물을 제공하면서 직원들이 좀 더 열심히 일하도록 격려하기는 하지만 마음을 사로잡는 데는 소홀하다. 이런 방법에만 익숙해지다 보면 기업이 정말 힘들어졌을 때는 상황을 만회하기 위한 다른 방법은 생각지도 못한 채 속수무책으로 상황을 지켜볼 수밖에 없을 것이다. 일부 기업 경영인은 직접 직원들과 만나 서로의 벽을 허무는 데 소홀하다. 겸허하게 직원들의 협조를 구하는 것은 말할 것도 없다. 만약 경영진이 먼저 위화감을 없애고 직원들에게 관심을 보이면 더 많은 지지를 얻을 수 있을 뿐 아니라 직원들도 기꺼이 회사를 위해 더 많이 희생하고자 할 것이다. 타인의 마음을 얻은 경영인은 이렇듯 중요한 순간에 큰 위력을 실감하게 될 것이다. 이는 아무리 많은 돈과도 비할 수 없을 만큼 중요하다.

1993년 미국 정부가 석유 수입금지 조치를 취했을 당시 여러 항공사에서는 감원 조치를 단행했다. 그러나 델타^{Delta}항공만은 예외였다. 항공여객운송 산업 특성상 수익이 정점에 달했다가도 하염없이 추락하는 등 변화 폭도 크고 주기 변화도 빠르지만 델타항공은 기업이 어렵다고 해서 직원 수를 줄이는 방식을 최대한 피하고자 했다. '모든 델타인들이 한솥밥을 먹는 한 가족임을 느낄 수 있도록' 회사는 직원들을 최대한 배려하고 사람이 기업의 이윤보다 더 소중하다는 신조를 몸소 실천했다.

미국 자동차 판매왕 조 지라드^{Joe Girad: 혼자서 15년간 1만 3,001대의 차를 팔아 기네스북에 12년 연속 오른 자동차 세일즈맨}*는 대단한 세일즈맨이다. 그는 비즈니스에서 가장 중요한 것은 '고객감동'이라 생각했다. 그래서 사무실에 늘 여러 브랜드의 담배를 준비 해놓고 있다가 고객이 담배를 피우고 싶지만 때마침 가져오지 않았을 때 "어떤 담배를 좋아하십니까?"라고 공손히 물은 다음 고객이 원하는 담배를 건넸고, 감동을 받은 고객들은 조 지라드의 충성고객이 되어 그에게 전폭적인 신뢰를 보냈다. 이것이 바로 그만의 고객관리 방법이다.

때로는 고객이 사무실로 아이들을 데려오는 경우도 있었다. 그럴 때마다 조 지라드는 꼬마 손님들에게 특별히 준비해둔 예쁜 풍선과 막대 사탕을 꺼내 기쁨을 선사하기도 했다. 이 밖에, 고객들에게 '저는 당신이 좋습니다'라는 메시지가 담긴 세심한 카드를 보내기도 했다. 그는 이 작은 선물이 고객에게는 기쁨이 되며 고객들도 그의 작은 성의를 기억할 것임을 알고 있었던 것이다.

"제가 고객과 그의 가족에게 건넨 작은 선물은 저의 마음이었습니다. 많을 필요도 없습니다. 그 정도면 고객들이 저의 마음을 알기에 충분하니까요."

매슬로우Abraham Maslow는 욕구 단계설을 통해 사람은 누구나 다른 사람들이 자신을 존중하고 이해하길 바란다고 밝혔다. 이러한 심리적, 정신적 욕구는 생리적, 물질적 욕구보다 상위에 속한다. 물질적 욕구가 만족되면 배부르고 따뜻할 뿐이지만 정신적인 욕구가 만족되면 사람들은 힘을 얻게 된다. "선비는 자신을 알아주는 사람을 위해 죽을 수

*조 지라드

세계에서 가장 위대한 세일즈맨으로 인정받고 있다. 스스로 '35세까지 나는 세상에서 가장 실패한 낙오자였다'고 고백할 정도로 실패의 경험이 많은 그는, 고등학교에서는 퇴학을 당했고 직장에서는 번번이 쫓겨나 전전한 직장만 해도 40여 군데가 넘으며, 마음먹고 시작한 사업도 사기를 당해 막을 내리고 만다.
시보레 자동차 대리점에서 15년간 무려 13,001대의 자동차를 파는 대기록을 세웠다. 하루 평균 18대, 한달 174대, 1년에 1,425대의 경이로운 판매기록으로 기네스북에는 '세계 No. 1 세일즈맨'으로 12년 연속 선정되었다.

도 있다."는 말이 있다. 내 편으로 만든 사람은 곧 나의 든든한 자산이 되므로 경영자라면 특히 마음을 얻는 투자에 주의를 기울여야 할 것이다. 그래야 늘 유리한 고지를 점할 수 있다.

대인관계에서 주변의 친구, 동료의 마음에 투자하는 것을 잊지 말자. 다시 말해서, 지금 당장 당신이 자신이 원하는 큰 물고기를 낚을 수 없다면 곳곳에 그물을 던져 주변의 작은 물고기를 모조리 잡아들인 다음, 집중적으로 성장하도록 키워야 한다. 그래야만 향후 긴히 쓰일 인맥의 기초가 될 수 있는 것이다.

✐ 실천을 위한 조언

상대방은 당신이 목적을 이루도록 도와줄 수 있기 때문에 사람 마음에 투자하는 것은 그만큼 중요하다. 또한, 투자하는 만큼 얻을 수 있으므로 확실한 수익률을 보장하기도 한다.

02

좋은 인맥은
성공의 기회를 제공한다

어떤 이들은 "70%의 기회가 인맥에서 비롯된다."라고 말한다. 기회는
누구에게나 소중하고, 좋은 기회는 한 사람의 운명을 바꿀 수도 있다.
그러므로 좋은 인맥을 쌓으면 기회도 그만큼 많이 찾아올 것이다.

인맥이 우리를 위해서 얼마나
많은 가능성을 제공할 수 있는지는 평소 생활 속에서 얼마든지 쉽게 발
견할 수 있다. 그러므로 스스로의 인맥에 관심을 기울일 필요가 있고
나아서는 좋은 인맥을 많이 형성하는 데 노력해야 한다. 이것이 기회
를 포착하고 성공으로 향하는 데 아주 중요한 영향을 미치기 때문이다.

어떤 중소기업의 영업부 부장이 있었다. 그는 자신의 블로그를 만들
고 한가할 때마다 글을 올렸다. 경쟁사와 경쟁할 때의 기분, 교훈 등 여
러 가지 자신의 경험을 글로 적어 블로그에 게시했다. 한 번은 그가 다
른 사람들의 블로그를 둘러보다가 우연히 아주 훌륭한 글을 발견했다.
그는 Q블로그 주인에게 자신의 느낌과 글에 대한 칭찬을 담은 메시지

를 남겼다. 이런 식으로 계속 왕래가 이루어지면서 그와 Q블로그 주인은 '진솔한 인연'을 맺을 수 있었다. 5개월 뒤 어느 날 영업부 부장은 그 친구로부터 뜻밖의 전화를 받았다. 부장이 있는 도시로 출장을 가게 되었으니 잠깐 만날 수 있겠느냐고 묻는 내용이었다. 부장은 흔쾌히 그러겠노라 했다. 만나서 두 시간 남짓 이야기를 했을 때 즈음 Q블로그 친구는 명함을 건네며 자기네 기업에서 일하는 것이 어떻겠느냐는 스카우트 제의를 했다. 부장은 그제야 그가 실은 업계 내에서 둘째 가라면 서러울 기업 사장이라는 사실을 알게 되었다.

좋은 인맥이 없으면 아무리 똑똑한 사람도, 아무리 뛰어난 재능의 소유자도 실력을 발휘할만한 기회를 확보할 수 없다. 하버드 경영대학원에서 기업 경영인을 대상으로 리더십에 관한 조사를 실시한 바 있다. 조사에 응한 경영인 중 75%는 대인관계 형성에 대부분의 시간을 할애하고 있는 것으로 나타났으며, 조사 대상 기업 중 80%가 경영자금의 60% 이상을 인력자원을 관리하는 데 사용하고 있다고 밝혔다. 또한 이 조사를 통해 기업의 경영 계획의 성공 여부는 바로 그 기업의 인력자원에 달렸다는 사실도 밝혀졌다.

인맥은 기회를 뜻한다. 어떤 방식으로든 좋은 친분 관계를 형성하고 있다면 언제든 성공의 기회를 만나게 될 것이다. 그러므로 지금 우리 곁에 있는 친구들에게 더 많은 관심을 보내고 소중히 대해야겠다.

왕년의 미국 할리우드 스타 커크 더글러스 Kirk Douglas에게도 방황했던 젊은 시절이 있었다는 사실을 아는 이는 그다지 많지 않을 것이다. 당시 커크 더글러스는 자신이 훗날 저명한 영화배우이자 감독이 될 줄은 꿈에도 몰랐다. 한 번은 기차를 타고 가다가 옆 자리에 앉은 여성과 이

야기를 나누게 되었다. 갈 길도 멀고 시간도 때울 겸 커크 더글러스는
옆 자리의 여성에게 먼저 말을 걸었다. 이것이 그의 인생을 바꾸게 될
줄 누가 알았을까? 기차 안에서의 대화는 커크 더글러스에게 인생 일
대의 중요한 기회를 선사하게 된다. 며칠 뒤 그는 한 제작사의 제의를
받게 된다. 알고 보니 자신과 이야기를 나누었던 그 여성은 보통 사람
이 아니라 유명한 제작자였던 것이다. 이 한 번의 우연한 기회 덕에 커
크 더글러스는 유명 제작자와 인맥을 형성하게 되었고 이 때문에 자신
의 연기력을 발휘할 수 있는 좋은 기회도 얻게 됨으로써 자신의 꿈을
실현할 수 있었다. 인맥은 종종 당신에게 기회를 제공해 줄 것이다. 그
러므로 폭넓게 인맥관계의 씨앗을 뿌려두어 성공을 위한 기회의 싹이
자랄 수 있도록 준비를 해두자.

어떤 유명 기업의 이사장이 자신의 성공스토리를 소개하면서 "저의
성공은 친구들 덕분에 이루어진 것입니다. 친구가 많을수록 기회도 많
이 찾아오는 법이죠. 그렇게 많은 기회는 제가 당초 생각지도, 보지도
못한 것이었습니다."라고 말한 적이 있다. 이 이사장은 가난한 집안에
서 태어나 일찌감치 세일즈맨부터 시작했다. 그의 학력과 출신 배경으
로 오늘날의 성공을 거두리라고는 그 누구도 상상하지 못했다. 그의 가
장 큰 장점이라면 성격이 아주 호탕하다는 점을 들 수 있는데, 이와 같
은 성격의 소유자는 쉽게 친구를 사귈 수 있다는 강점이 있다. 사실 그
역시 친구들의 소개와 추천, 도움으로 조금씩 성공을 향해 나아간 사례
이다. 그는 늘 아는 사람들의 연락처가 담긴 노트 두 권을 몸에 지니고
다닌다. 이미 여러 영역에 걸쳐 인맥이 형성이 되어있기 때문에 이를
잘 활용하기만 해도 많은 일을 성사시킬 수 있기 때문이다.

훌륭한 인간관계는 전혀 예상치 못한 곳에서 큰 도움을 줄 수 있다. 그러므로 우리는 스스로의 인맥을 확장하기 위해 노력해야 한다. 많은 사람을 알아두면 어떤 특정한 시기에 당신을 위해 기회와 행운을 가져다줄 것이다.

사실 많은 사람들이 폭넓고 다양한 인맥을 형성하지 못해서 고민한다. 그럼 어떻게 하면 훌륭한 인맥을 형성하여 더 많은 기회를 확보할 수 있을까?

1) 쉽게 적을 만들지 말라.

남에게 부탁할 일이 있으면 완곡하고 상대방이 받아들일 수 있는 방식을 선택해야 한다. 당신의 지위가 아무리 높더라도 상대방을 존중하는 자세를 보여야 한다. 그래야만 순조롭게 일을 처리할 수 있다. 이 밖에 사람을 사귈 때에는 상대방을 보아가면서 특징에 맞는 방식을 고려할 줄 아는 지혜가 필요하다. 언제나 한 가지 방식만으로 사람을 사귄다는 것은 불가능하다. 상대방에 따라 방법을 달리할 필요가 있다. 그렇지 않으면 자칫 사소한 부주의로 상대방을 불쾌하게 만들 수 있다. 좋은 인맥을 만들고 싶다면 되도록 적을 만들지 말고 두루두루 좋은 관계를 맺도록 하자.

2) 사회 명사, 핵심 인사들과 친분 관계를 형성하는 방법을 익히자.

유수한 명사들은 사회에서 상당한 영향력을 발휘할 수 있다. 당신이 이들과 개인적으로 좋은 관계를 맺을 수 있다면 날개를 얻은 것과 같은 셈이다. 이들을 통해서 더 많은 인사들을 알 수 있기 때문이다. 이를 위해서는 사회 명사들과 만나기 전에 반드시 이들에 관해 많은 정보를 미리 알아두어야 하며, 부탁이나 친분, 추천을 통해 사회 공익활동에 참여하고 명사들을 자주 만날 수 있는 곳을 방문해야 한다. 그래야 사회 명사들과 친분을 쌓을 수 있는 기회가 생길 것이다. 성공으로 통하는 기회란 바로 이렇게 형성된 인맥에서 나오는 것이다.

3) 예의, 예절은 아무리 지나쳐도 사람들이 허물로 여기지 않는다.

친분을 쌓을 때는 예의, 예절에 각별히 신경을 써야 한다. 당신과 신분과 지위가 다른 사람을 사귈 때 특히 상대방의 권세, 지위, 실력을 마땅히 존중해주어야 할 경우 예의범절을 소홀히 여긴다면 인맥을 형성하기 어려워져 좋은 친분을 쌓을 수 있는 좋은 기회를 놓쳐버리게 될 수 있다.

인맥을 잘 쌓는 고수들은 기꺼이 친구들의 지인이나 인척을 고용한다. 고수들은 향후 자신의 지원군을 확보하기 위해 포석을 까는 것이다. 자신에게 빚을 진 사람들이 많으므로 막상 타인의 도움이 필요하게 되었을 때 전혀 힘들이지 않고 든든한 지원군을 공급받을 수 있다. 이것이 바로 인맥의 힘이라는 것이다! 그러므로 지금부터라도 당신의 주변 사람들과 커뮤니케이션할 수 있는 루트를 만들고 자신을 위한 좋은 휴먼 네트워크를 만들어보자. 앞으로 당신에게 더 많은 성공의 기회를 가져다 줄 것이다!

03

화목을 우선시하면
인맥은 자연히 따라온다

인맥이란 무형의 자산이자 귀중한 보물과 같다. 무슨 일을 하든지 상
대방과의 화목을 우선시해보자. 다 같이 협력하면 모두에게 이로운 윈
윈효과가 나타나지만, 그러지 않으면 모두 손해만 볼 뿐이다. 스스로
의 능력에 기반해 성공하는 것은 사실이다. 그러나 사실상 순수하게
100% 자기 능력'만'으로 성공하기는 어렵다.

화목한 대인관계를 소홀히 하
면 원만한 인간관계가 흔들리기 시작하면서 단결과 협동까지 저해할
수 있다. '화목'이란 기름이 없어도 호롱불을 밝힐 수 있을 만큼 불가
능한 일을 가능하게 만들 수 있을까? 집안이 화목하면 모든 일이 잘 이
루어지는 법家和萬事成이고, 나라가 태평하면 국민도 편안한 법이다國泰民
安. 또, 화목한 기운이 있어야 재물도 들어온다. 사람과 사람사이의 관
계는 화목을 떠나서는 존재할 수 없다. '화목'이란 인간관계의 완충제
이자 윤활유이며, 생활의 향기이다.

누구나 자기발전 욕구를 가진다. 끊임없이 자신의 능력을 향상시키려는 이러한 욕구는 직장이나 개인 모두에게 바람직한 현상으로써 당연히 장려해야 하는 것이다. 훌륭한 능력에 좋은 인연까지 더해진다면 천하무적일 것이다. 특히 이미 상당한 능력을 갖추고 많은 성과도 이룬 후라면 긍정적인 태도로 주변 사람들과의 관계를 더욱 돈독하게 만들어야 한다. 그래야 다른 사람의 도움을 얻을 수 있으며, 당신이 도움을 청하지 않더라도 그들이 기꺼이 도움을 주려 할 것이기 때문이다.

무슨 일이든 화목을 중요하게 생각해야 한다. 화목한 분위기 속에서 모든 일이 순조롭게 풀리면 좋은 인맥관계도 자연히 형성되게 마련이다. 만약에 같은 길을 가는 두 사람이 서로 싸우기만 한다면 좋은 관계를 만들 수 있겠는가? 민심을 얻어야 천하를 얻을 수 있다'는 말이 있다. 즉, 사람들의 마음을 얻어야만 더 넓은 인맥을 형성할 수 있다. 모든 일을 원만하고 화목하게 처리하고 싶다면 상대방의 입장에 서서 상대방의 마음을 고려하면 된다. 그러나 무엇보다 중요한 것은 상대방을 이해하는 것이다. 이해할 수 없는 부분까지도 이해하면서 모든 일을 원만하게 해결할 수 있을 때 좋은 인맥관계 속에서 자신을 발전시켜 나갈 수 있게 될 것이다.

'자동차의 왕'이라 불리는 미국 포드사의 창립자 헨리 포드는 "성공에 비결이 있다면 그것은 바로 상대방의 입장에서 문제를 고려하는 것이다. 타인의 입장에서 그의 마음을 헤아릴 수 있는 사람이라면 스스로의 미래를 위해 고민하지 않아도 된다." 라고 말했다. 성공하고 싶다면 먼저 남의 성공을 도와라. 목표를 이루고 싶다면 먼저 남의 목표실현을 돕도록 한다. 그래야만 사람들의 신임을 얻고 좋은 인상을 남겨서 두루 인정받는 사람이 될 수 있다.

아시아 최고의 재벌 리카싱李嘉誠이 어떻게 사업을 했는지 그의 비법을 살짝 들여다보자. 가령 누구나 2,000원에 파는 물건이 있다고 했을 때, 나만 1,800원에 판매한다면 상대방에게 200원의 이익을 안겨주는 셈이 된다. 표면적으로는 내가 200원을 적게 벌었다거나 200원 손해를 본 것처럼 보일 것이다. 그러나 내 물건을 사간 사람은 계속 나와 거래할 것이며, 그 규모도 점점 커질 것이다. 어디 그 뿐이겠는가? 그 사람은 자기 친구들에게 나와의 거래를 추천하게 될 것이다. 그러면서 나의 사업이 점점 더 커지고 발전하는 것이다. 인맥도 이에 따라 점점 넓어지는 것이 당연하다.

만약 당신이 베푼 것, 함께 나누고자 한 것이 남에게도 소용 있고 도움이 된다면 그 사람은 당신에게 고마워할 것이다. 만약 당신이 다른 사람과 함께 누리고자 하는 나눔의 미학을 아는 사람이라면, 사람들은 당신을 정직하다고 생각하게 될 것이고 기꺼이 당신의 친구가 되고자 할 것이며, 당신과 거래하고자 할 것이다.

경쟁이 치열한 요즘 같은 시대에 인간관계란 우리가 생존하고 발전할 수 있는 기본 여건이 될 수 있다. 스스로의 인맥 네트워크를 형성하고 이를 잘 이용할 줄 안다면 무슨 일이든 더 잘 추진할 수 있을 것이다. 그리고 그래야만 경쟁에서 승리할 수 있다.

장사꾼이 장사하는 이유는 바로 돈을 벌기 위함이다.

사람 됨됨이든 일처리든 늘 화목을 가장 중요하게 여기는 가게 주인이 있었다. 물건을 사는 사람이 아이나, 어른, 별 볼 일 없는 사람, 힘 꽤나 있는 사람이나, 그는 늘 웃는 얼굴로 예의바르게 대했다. 때로는 나이가 어려서 세상 물정을 아직 모르는 철부지 손님 한 둘이 그를 화나게 만들 때도 있었지만 그는 전혀 개의치 않았다. 오히려 그 젊은이들이 불손한 태도가 아니라 온화한 태도를 가질 수 있도록 점잖게 타이르기도 했다.

한 번은 어떤 사람이 과일을 사러 들렀을 때였다.

"아휴, 과일이 많이 안 좋네. 좀 싸게 해주셔야 되는 거 아닌가요? 500그램에 1,600원이나 해요? 너무 비싸요."

그 손님은 이러쿵저러쿵 말하면서 계속 꼼꼼히 살폈다.

"이 정도면 아주 좋은 거예요, 한 번 믿어보세요! 정 못 믿으시겠다면 다른 데 가서 확인해보셔도 좋아요!"

"그냥 1,000원에 주세요."

주인은 여전히 온화한 얼굴로 말했다.

"에이, 안 되죠. 저도 싸게 해드리고 싶지만 그럴 수가 없네요. 500그램에 1,000원씩 팔면 방금 사간 손님한테 너무 죄송하잖아요."

"그렇지만 과일이 싱싱하지 않잖아요. 정말 안 깎아주실 거예요?"

"싱싱하지 않다니요, 다시 한 번 보세요, 이만하면 좋은 거죠. 더 싱싱하면 3,000원에 팔았지요!"

가게 주인은 여전히 웃으면서 말했다.

손님의 태도가 어떻든지 간에 주인은 연신 미소 띤 얼굴로 상냥하게 말했다. 손님은 마음에 썩 들지는 않았지만 결국 1,600원에 사갔다.

화목한 기운이 있어야 재물도 생기는 법이다. 앞으로 화목한 분위기를 만드는 데 더욱 신경을 써보자.

울타리를 만드는 데 말뚝이 여러 개 필요하듯이, 혼자 힘으로 성공할 수 있는 사람은 거의 없다. 인공위성이 우주로 날아갈 수 있었던 것도 로켓의 도움이 있었기 때문이다. 성공하려면 다른 사람의 도움이 필요하다. 그러므로 우리 주변의 모든 사람들과 원만하고 화목한 관계를 만들고, 이들 하나하나가 당신에게는 희망이며 든든한 지원군이 될 수 있음을 꼭 기억하자.

실천을 위한 조언

친분을 맺을 때는 화목을 중시해야 한다. 아량을 베풀고 타인의 입장에서 생각하는 것이 곧 나를 위한 길임을 잊지 말자. 모든 일을 원만하고 화목하게 처리할 수 있어야 당신의 인맥도 점점 더 넓어질 수 있다.

04

평소 인맥관리가
급할 때 도움이 된다

살면서 평소 누군가에게 관심을 갖고 신경을 써주는 것은 무엇을 바라서가 아니라 순수하게 그를 존중하고 높이 사기 때문이다. 물론 그렇더라도 일단 어려운 일이 발생했을 때 그 사람을 찾아가 도움을 청하면 상대방은 평소 당신의 정성을 생각해서 청을 거절하지 못할 것이다.

요즘 사람들한테는 친구의 도움이 참으로 중요하다. 그래서 친구가 없다는 것은 모든 것을 잃어버린다는 것이나 마찬가지이다. "평소에는 정성을 드리지 않다가, 급할 때는 부처 다리 껴안는다."라는 옛말이 있다. 부처님의 능력이란 실로 위대하다. 그러나 평소에는 본체만체하다가 급할 때만 도와달라고 매달린다면 아무리 부처님이라도 도와주실 리 만무하다.

어려운 일에 부딪혔는데 순간 떠오르는 사람이 있다. 그 사람이 해결해줄 거라고 생각했다가 아주 오랫동안 연락 한 번 하지 않았다는 사실을 이내 깨닫는다.

'이제 와서 도움이 필요하다고 찾아가면 너무 얌체라고 생각하겠지?'

누구나 한번쯤 이런 경험을 해봤을 것이다. 이런 상황에서는 누구든 '한가할 때 정성 좀 들일걸' 하고 후회하겠지만, 이미 때는 늦었다.

외국에 나간 지 얼마 안 된 어떤 사람이 친구에게 다음과 같은 내용의 편지를 보냈다고 한다.

"이곳에서는 사람들끼리 왕래가 별로 없어. 막 도착해서 낯설고 아는 사람도 없거든. 친구라고 할 만한 사람이 없다보니 다른 친구를 사귈 기회도 당연히 적을 수밖에. 근데 나중에 알고 보니 다른 사람들도 마찬가지였다더라고……."

"휴가 때 일부러 친구네 집에 찾아가는 일도 없어. 왜냐면 아무도 집에 붙어있지 않거든. 병이 났다면 또 모를까……."

"평소 퇴근 후에 친구를 만나러 가는 일도 없지. 교통이 너무 막히니까 말이야."

"그래서 그냥 그럭저럭 지낼만한 정도야. 단, 친구들이랑 전화할 때는 정말 신이 나. 거의 매일 통화를 하는데, 이게 친구들이랑 연락하는 유일한 방법이야. 우린 별일 없더라도 그냥 안부를 묻거나 수다를 떨려고 전화를 해."

"근데 일단 무슨 일이 생기면 우린 즉각 모여. 예를 들면, 지난주에 우리 집사람이 길을 잃어버린 적이 있었지. 그래서 친구들한테 전화를 걸었더니 바로 차를 가지고 왔더라고. 우리가 집사람을 찾으려고 차를 타고 몇 시간이나 돌아다녔는지 몰라. 세상에, 찾고 나서보니 한밤중이더라고……."

평소 주변 사람들에게 잘하면 위급할 때 도움을 받기 쉽다. 남에게 제대로 부탁할 줄 아는 사람은 멀리 내다보고 미리미리 준비를 한다. 그러면 위급할 때 여기저기 생각지도 못했던 곳에서 구원의 손길을 내밀어주기 때문이다. 이처럼 미리미리 준비하는 사람은, 인간관계란 평소에 틈틈이 만들어나가야 하는 것이라는 사실을 잘 알고 있다.

사람들 대부분은 저축통장을 최소한 한 개 이상씩은 갖고 있다. 당신이 연초에 30만 원을 통장에 입금했다면 연말에는 30만 원이 다가 아니라는 사실을 발견할 것이다. 이자가 붙기 때문이다. 인간관계도 이와 마찬가지다. 평소에 투자를 많이 하면 할수록 더 많은 보답을 받을 수 있다.

두뇌 회전이 빠른 사람들은 여력이 닿는 한 최대한 많이 '퍼주려' 한다. 이들이 아무런 보답을 바라지 않는 것처럼 보이는가? 설령 그렇더라도 이들에겐 나름대로 소득이 있다. 내가 많이 퍼준 만큼 남들도 나에게 최대한 우호적인 태도를 보이게 마련 아니던가. 연락과 관심을 통해 점점 가까워지고 탄탄해진 관계는 나중에 가서는 든든한 후원자까지 탄생시킬 수 있다.

친구관계에서 가장 중요한 것은 상대방과의 관계를 유지하는 것임을 명심하라. 연락하는 것을 귀찮게 여겨 관계를 끊어서는 결코 안 된다. 돈독한 친구관계는 마치 잘 드는 가위와 같다. 자주 사용해야 녹이 슬지 않고, 그래야만 날카로운 날을 유지할 수 있는 것이다. 친구와 오랜 시간 연락을 하지 않는다면 그 친구를 잃기 십상이다. 그러므로 언제가 됐든, 용건이 있든 없든, 친구와 계속 연락을 주고받아야 한다. 친구관계란 대개 멀리 떨어져 있기 때문에 소원해지는 것이 아니라, 서로에게 소홀해지고 연락도 뜸하기 때문에 멀어지는 것이다. 우리가 친구

생각을 안 해서가 결코 아니다. '자주 연락해야지' 하는 마음은 있어도, '어떻게 지낼까? 뭘 하고 지내지?', '잘 지내겠지 뭐' 하는 생각이 머릿속에서만 맴돌다가 사라지고 말기 때문이다. 그러다가 시간이 더 많이 지나면 '그 친구 아직 날 기억할까? 에이, 관두자, 이미 이렇게 오랫동안 연락을 안 했는데 기억하겠어?', '연락을 너무 안 해서 분명히 날 잊어버렸을 거야……'라고 생각하는 것이다. 사정이 이렇다 보니 자연히 친구와 멀어질 수밖에.

당신과 친분이 있는 사람들 중에 아주 평범하거나 잠시 실력 발휘를 못하고 있는 사람도 있을 것이다. 허나 인간만사 새옹지마, 별 볼일 없어 보이는 그들에게도 쨍하고 해 뜰 날은 오게 돼 있다.

잘나갈 때는 자기 잘난 맛에 모든 것이 평범하고 쉽게 보인다. 당신과 지위가 엇비슷한 사람과의 관계에서는 얻는 것이 없겠지만, 당신보다 높은 사람과 만나면 어떻게 될까? 매일같이 문안을 드리고, 권력의 덕을 보려는 마음이 틀림없이 생길 것이다. 그러나 당신이 아무리 마음을 쓰고 최선을 다해 배려해도 상대방이 대수롭지 않게 여겨 결국 두 사람의 관계는 지지부진할 것이다. 누구에게나 좋은 대접을 받다 보니 그 사람에게 당신이란 존재는 수많은 사람들 중에 보잘 것 없는 하나로만 인식되는 것이다. 그런데 만약 상황이 역전되어 그토록 잘해주던 사람들이 어느 순간부터는 도움을 청해도 하나같이 모르는 척한다면? 문지방이 닳도록 찾아오던 사람들이 한순간에 모두 변해버린다면? 하는 일마다 고배를 마시게 될 것이다. 또한 그는 그제야 꿈에서 깨어나 상황을 분명히 인식하게 되는데, 바로 그때 당신이 관심을 보이고 적극적으로 돕는다면 소중한 인연이 만들어질 것이다.

어느 한 회사 사장이 연말만 되면 물밀듯 밀려오는 선물과 연하장 세
례에 정신이 없었다고 한다. 그런데 퇴직하고 나니 언제 그랬냐는 듯
상황이 급변했다. 선물은 고작 한두 개가 다였고, 그나마 연하장은 한
장도 받지 못했다. 왕년에는 찾아오는 손님이 끊이지 않았는데 일단
회사를 그만두고 나니 손님이 뜸해졌던 것이다. 그러던 어느 날, 그가
한창 외로워하던 찰나에 예전 부하직원이 선물을 들고 그를 찾아왔다.
사장이었을 때는 눈여겨본 적조차 없었던 직원인데, 막상 이빨 빠진 호
랑이 신세가 되고 나니 찾아오는 사람은 오히려 그 직원뿐이었다고 한
다. 어찌나 고마웠던지 사장은 하염없이 눈물을 쏟았다.

이삼 년 뒤, 이 전직 사장은 몸담았던 회사의 고문으로 추대되었다.
당연히 그는 끝까지 자신을 찾아주었던 직원을 중용하겠다고 나섰다.
이해관계가 없는 상황에서도 자신을 잊지 않았으니 얼마나 고마운가.
그러니 전직 사장이 '기회가 생기면 반드시 보답해야지'라는 생각을
한 것도 무리가 아니다.

살다보면 인맥 덕분에 일이 쉽게 성사될 때가 있으므로 결코 인맥 관
리를 소홀히 해서는 안 된다. 단지 우리가 인식하지 못하는 사이, 좋은
인연을 맺을 기회가 사라져버리는 것일 뿐, 인맥은 거미줄처럼 매 순
간 여기저기 끊임없이 얽히고설키면서 또 다른 관계를 만들어간다. 그
러므로 대단해 보이는 사람만 잘 챙기고 평범한 보통 사람들을 소홀히
대하지 않길 바란다. 누구든 적당한 때가 되면 세상을 호령할 만한 대
단한 존재가 될 수 있기 때문이다. 하지만 그저 '형식적인 인맥관리'는
하등 도움이 안 된다는 사실을 명심하라. 진정한 인맥이란 오랜 시간
이 쌓이고 쌓여야 비로소 만들어지는 것으로 특별한 관심과 노력이 필

요하다.

지금도 많은 사람들이 자신의 미래를 준비하기 위해 인맥 쌓기에 여념이 없을 것이다. 그러니 당신도 조금이라도 능력이 있을 때 당신의 든든한 후원자가 될 사람들을 많이 사귀어두라.

평소에는 본체만체하다가 위급한 상황이 닥쳤을 때 SOS를 외친들 이미 버스는 떠난 후이다. 사람들은 대개 찾는 이가 드문 사람은 능력이 없다고 생각하는데, 이는 큰 오산이다.

지금 부르는 이가 없다고 그 사람을 과소평가한다거나 소홀히 대해서는 안 된다.

✎ 실천을 위한 조언

인맥이 저절로 넓혀지는 것은 아니다. 평소 주위 지인들의 소개를 받고 친고모임에 꾸준하게 참여하라. 또한 온라인, 오프라인 동호회 모임과 경조사 등에 참여하는 것도 쉬운 방법이다. 그리고 자신이 가진 장점과 지식을 함께 공유하라. 평소 아무리 바빠도 지인들과 친구에게 연락하고 돈독한 관계를 유지하자.

05

정신적인 지주의 힘은
목적을 이룬다

‘정신적 지주’란 당신에게 도움을 주고 필요할 때 손을 내밀어 끌어줄
수 있는 사람이다. 이들은 어떤 대가도 바라지 않거니와 아무것도 요
구하지 않는다. 이러한 정신적 지주의 도움은 누구에게나 없어서는 안
될 소중한 것이다.

인생이라는 긴 여정은 훌륭한
인품 이외에 지식, 인맥, 경험, 안목, 리더십과 관련된 여러 가지 능력
을 필요로 한다. 이밖에 절대로 빠져서는 안 될 또 하나의 요소가 바로
‘정신적 지주’이다. 아무래도 ‘아는 사람’이 있으면 그 덕에 쉽게 일을
해결할 수 있듯이, 정신적 지주의 도움을 받으면 불가능해 보이는 일도
해낼 수 있다. 성공에 목말라 있는 사람이라면 혼자서 아등바등 할 것
이 아니라 정신적 지주를 찾아 나서야 한다. 그가 당신의 사업 시작과
발전의 관건이자 성공 속도를 더 빠르게 만들어줄 키워드이기 때문이
다. 중요한 순간이 찾아왔는가? 정신적 지주의 힘을 빌려 당신의 발전

에 가속도를 붙여보자.

낯선 환경에서 새롭게 일을 시작하게 되었다면 주변 사람들을 유심히 관찰해보자. 어떤 사람이 당신의 구세주가 될 수 있을지 눈여겨 두었다가 적극적으로 다가가 보자. 그 사람과 좋은 관계를 맺고 자주 연락하면서 좋은 인상을 심어주는 것이 유익하다. 그러면 훗날 상대방이 당신의 구원투수로 나설 순간이 올 것이다.

세계 최고의 부자인 빌 게이츠는 20세 때 생애 첫 계약을 체결했다. 당시 컴퓨터 업계에서 글로벌 1위를 달리던 IBM과의 계약이었다.

그때 빌 게이츠는 아직 대학생이었기 때문에 인맥이랄 것도 없었다. 그런 그가 어떻게 '대어'를 낚을 수 있었던 것일까? 이렇게 큰 건을 낚게 된 건 중간 조력자, 바로 그의 어머니의 역할이 컸기 때문이다. 당시 IBM사 이사회의 이사였던 빌 게이츠의 어머니가 이사장에게 자신의 아들을 소개했으니 어찌 보면 너무나 당연한 결과였다. 빌 게이츠는 IBM과의 계약을 자기 사업 성공의 초석으로 삼았다. 다시 말해 그에게는 어머니가 운명의 정신적 지주였던 것이다. 이 운명적 지주가 없었다면 오늘날의 빌 게이츠도 없었을 것이다.

일을 하면서든 생활을 하면서든 좋은 대인관계를 만들기 위해서 조금만 신경을 써본 사람이라면 삶 자체가 수많은 정신적 지주의 도움 속에서 이루어지는 것임을 쉽게 깨닫게 될 것이다. 이때 정신적 지주는 친구, 직장 동료, 동창, 고향 사람, 혹은 상사일 수도 있고, 우연히 알게 된 사람일 수도 있다. '같은 직장에서 근무하는 사람들은 다 정신적 지주'라고 말하는 사람도 있다. 맞는 말이다. 좋은 인연, 탄탄한 인맥은 업무의 성공에 실로 지대한 영향을 끼친다. 직장 내에서 뿐만이 아니다.

인맥이 형성된 곳이라면 어디서든 마찬가지이다. 미국에는 '20대에는 몸으로 돈을 벌고, 30대에는 머리로 돈을 벌다가 40대가 되면 친분으로 돈을 번다."는 말이 있다. 즉, 당신의 친구가 많을수록 돈을 벌 수 있는 기회도 점점 늘어난다는 뜻이다. 근면 성실한 사람은 언젠가 성공하게 되어 있다. 하지만 때로는 그것만으로는 2% 부족하다. 성공하고 싶은 가? 그러면 당신의 운명의 구세주를 찾아보자! 실제로 카네기 연구소 의 한 관계자는 '완벽한 인간관계를 구성하기 위해서는 인맥, 친분, 구 세주라는 세 가지 요소를 모두 갖춰야 한다'고 강조한 바 있다.

미국의 클린턴 전 대통령은 17세 때 저명한 음악가가 되겠다는 꿈이 있었다. 그러나 백악관에서 당시 대통령이었던 케네디 대통령을 만난 뒤, 음악가의 꿈을 접고 반드시 정치가가 되겠다는 목표를 세웠다고 한 다. 이렇게 해서 그의 인생과 일의 방향이 달라진 것이다. 만약 케네디 대통령이 아니었다면 클린턴은 음악가로만 남게 되었을 테니 케네디 대통령이야말로 클린턴의 구세주라고 할 수 있다.

세계적인 성공학 권위자 앤서니 로빈스^{Anthony Robbins}는 강연비가 전 세 계에서 가장 비싸기로 유명하다. 그가 오늘날 이렇게 큰 성공을 거둘 수 있었던 것은 그의 정신적 지주인 짐 론^{Jim Rohn}을 만났기 때문이다. 짐 론 의 도움이 있었기에 앤서니 로빈스는 성공학 연구의 길을 걸었으며, 마 침내 큰 성공을 거머쥐게 되었다. 만약 당시 짐 론의 인도와 지지가 없 었다면 앤서니 로빈스는 가난에 찌든 보잘것없는 사람으로 남았을 테고, 그랬다면 오늘날과 같은 성공은 영원히 꿈도 꾸지 못했을 것이다.

그러므로 정신적 지주는 성공가도의 나침반이자, 인생의 멘토라 할 수 있다. 자신을 도와줄 수 있는 은인을 만나는 것은 스스로 어떤 결정을 내리느냐보다 더 중요하다. 그의 성공담, 성공 모델을 바탕으로 매우 짧은 시간 안에 상당히 큰 효과를 창출해낼 수 있기 때문이다. 당신의 구세주는 성공적인 경험뿐 아니라 실패담까지 들려주면서 어떤 일은 삼가야 하며 어떤 잘못을 범하지 말아야 하는지도 알려줄 것이다. 이로써 당신은 상당한 시간을 절약하고, 성공 방향을 정확하게 설정할 것이며, 결과적으로 남보다 빨리 성공의 목표에 도달하게 된다.

탄탄하고 넓은 인맥을 형성한 사람은 대부분 모든 지인들과 돈독하고 깊은 관계를 유지한다. 이들은 평소 인맥을 통해 신속하게 알짜 정보를 얻음으로써 이것을 일의 성과로 연결시키거나 자산을 늘린다. 인맥은 가장 중요한 순간에 '가뭄에 단비' 같이 내려 전화위복의 계기를 마련해주기도 한다. 이것이 바로 인맥의 힘이다!

누구에게나 성공할 수 있는 가능성은 있지만, 어떻게 그 가능성이 현실이 되도록 할 것인가는 당사자가 아닌 정신적 지주의 손에 달렸다. 정신적 지주의 지원 사격이란 마치 씨앗에 꼭 맞는 양분을 듬뿍 제공하는 것과 흡사하다. 그런 의미에서 볼 때, 당신의 운명은 정신적 지주의 손에 달려있다고 할 수 있겠다. 성공하고 싶은가? 그러면 운명의 정신적 지주를 찾아보자.

당신의 정신적 지주를 꼭 만들어라. 정신적 지주는 당신에게 성공으로 가는 지름길을 알려준다. 그러므로 힘들게 홀로 달리는 시간이 줄어들어 더 빨리 목표에 도달할 수 있다. 정신적 지주의 힘을 빌리면 마음껏 능력을 발휘할 수 있는 운신의 폭이 그만큼 넓어진다는 뜻이다.

싫은 사람과
어울리는 법을 배워라

좋은 인연을 많이 맺은 사람은 주위 사람들과의 관계를 유지하는 데 능하며, 누구와도 원만한 관계를 형성할 수 있다. 반대로 인간관계가 편협하다는 소리를 듣는 사람이라면 타인과 잘 어울리지 못해서 목표 실현이 더더욱 어려워질 것이다.

미국의 석유왕 록펠러는 "사람과 잘 어울릴 줄 아는 능력이 사탕이나 커피처럼 돈으로 살 수 있는 거라면 나는 기꺼이 돈을 지불할 의향이 있다."라고 말했다. 인맥은 곧 자산이다! 바로 현금으로 바꿀 수 있는 자산은 아니지만, 무형 자산 즉, 잠재적인 자산임은 분명하다. 만약 당신이 폭넓은 인맥관계를 확보하지 못했다면 사회생활 하기가 상당히 힘겨울 것이다. 마르크스는 '인간은 사회적 관계의 총체'라고 했다. 훌륭한 인맥의 자산을 가진 사람이라면 그만큼 큰 파워를 가진 사람이라 할 수 있다. 다른 사람들은 하지 못하는 일, 할 수 없는 일을 당신이라면 전화 한 통으로 가볍게 해결할 수 있을 테니 말이다. 반대로 당신은 아무리 노력해도 안 되는 일을 다른 사람은 너무나 쉽게 해결할 수도 있다.

요즘 같은 세상에는 좋은 인연을 맺고 자신을 위해 도움이 될 만한 인맥을 쌓는 것이 필요하다. 좋은 인연을 많이 맺었다는 것은 그만큼 자신의 말에 귀 기울여 줄 사람이 많다는 것을 의미하며, 좋은 인연을 여럿 만들어두어야 폭넓은 인맥을 형성할 수 있기 때문이다.

당신에게 어려운 일이 닥쳤을 때는 그 사람들을 찾아가 상의할 수 있고, 당신의 친구에게 문제가 생겼을 때는 당신에게 도움을 청할 수도 있을 것이다. 그러므로 넓은 인맥관계를 맺은 사람은 무슨 일을 하든지 막힘없이 수월하게 추진해나갈 수 있고, 적은 노력으로 더 큰 성과를 거둘 수도 있다.

날로 새로워지고 빠르게 변화하는 오늘날에는 많은 것들이 나타났다가 금세 사라져버리는데, 특히 기회가 그렇다. 어떻게 하면 많은 기회를 잘 잡아 우리가 원하는 만큼 부를 누리고 꿈과 목표도 실현할 수 있을까?

전문가들은 현대사회에서 기술, 자본, 인적자원이라는 3가지 생산요소 중 인적자원의 중요성이 날로 두드러지고 있다고 강조했다.

사실 자산을 늘리려면 먼저 인기 있는 사람이 될 필요가 있다. 인기가 생기면 재물은 자연히 따라오게 되어있기 때문이다. 그런데 만일 당신의 친구는 전혀 도움이 되어주지 못하는 상황에서 공교롭게도 당신이 싫어하는 사람이 당신을 도울 수 있다면 어떻게 하겠는가? 그 사람이 당신에게 얼마나 중요한 존재인지 새롭게 평가해볼 필요가 있다. 성공을 위해 도움이 될 수 있는 그 사람에게 다가가 보는 것도 나쁘지 않을 것이다.

벽돌을 파는 사업을 하는 잭^{Jack}이라는 사람이 있었다. 어느 날 갑자기 막강한 경쟁사가 나타나면서 심각한 경영난에 빠지기 시작했다. 경쟁사 경영인은 잭이 사업하는 주요 지역 내의 건축사와 협력업체를 방문해서 잭의 회사에서 생산되는 벽돌의 품질도 상당히 떨어지며, 경영이 갈수록 악화되고 있어 머지않아 도산하게 될 것이라는 등의 유언비어를 퍼뜨렸다. 급기야 이로 인해 벽돌 20만 개의 수주를 놓치는 사태까지 발생했다. 경쟁사 경영인을 조심하라고 충고해주는 사람들이 더러 있었지만 잭은 귀담아 듣지 않았다. 그런데 막상 모든 사실을 확인하고 나니 너무 화가 치밀어 올랐다. 심지어 '벽돌로 그의 머리를 한 대 내려치고 싶은' 충동까지 들 정도였다. 그러던 어느 날, 버지니아 주의 고객이 빌딩을 건설을 위해 급하게 벽돌을 필요로 한다는 소식을 전해 들었다. 안타깝게도 고객이 원하는 벽돌은 잭의 회사에서 제조한 벽돌과 규격상 차이가 있었다. 그 대신 경쟁사가 판매하는 벽돌과는 유사했다. 마침 남의 악담이나 쏟아내는 경쟁사 측에서는 이 사실을 모르고 있었기 때문에 잭만 입 다물고 있으면 이번 기회를 놓칠 수도 있었다. 그러나 잭은 옹졸한 사람이 아니었다. 그는 자신에게 불리한 소문을 만들어내던 라이벌의 집으로 전화를 걸어 최대한 예의를 갖추고 버지니아 주에서 진행될 새로운 사업 소식을 전했다.

그 후 경쟁사의 태도는 놀라울 만큼 180도로 달라졌다. 더 이상 잭에 대한 유언비어를 퍼뜨리지 않았을 뿐 아니라 심지어는 자사에서 처리하지 못하는 여유분의 사업 프로젝트를 넘겨주기도 했다. 전혀 예상치 못한 변화였다. 잭은 경쟁사에 대한 앙금이 조금씩 사라지는 것을 느졌다. 시간이 흐르면서 두 회사의 악연은 마침내 좋은 인연으로 바뀌게 되었다.

"원한을 '덕'으로 갚으면 적도 '친구'로 만들 수 있다." 당신을 늘 괴롭히는 사람이나 도무지 호감이 가지 않는 사람이 있다면 이 말을 떠올려보자. 적이 친구가 되는 순간 당신의 자산이 늘어나는 소리를 들을 수 있을 것이다. 좋은 대인관계를 유지하는 것은 상당히 중요한 일이다. 폭넓은 인맥을 확보해야 더 많은 기회와 부를 가질 수 있기 때문이다. 그러므로 인맥보다 중요한 것은 없다고 할 수 있겠다.

사실 '적을 친구로 만들기'는 치열한 시장경쟁 속에서 살아남기 위해 많은 기업들이 선택하는 경영전략이 된지 오래다. 적으로 만나 소모적인 경쟁을 하여 함께 망하는 것보다는, 차라리 친구가 되어 함께 시장을 개척해나는 편이 서로를 위해서도 훨씬 좋을 것이다. 백지장도 맞들면 낫다는 속담도 있듯이, 아무래도 '각개전투' 보다는 '손에 손잡고'가 낫지 않겠는가?

직장 내에서도 마찬가지이다. 실력을 인정받고 더 높은 자리에 오르고 싶다면 정이 안 가는 사람과도 잘 어울리고 팀 작업도 해낼 수 있어야 한다. 그러는 동안 당신의 커뮤니케이션 능력과 통찰력도 성장할 것이다. 사실 누구든지 장단점을 동시에 지니는 법이다. 싫어하는 사람의 단점을 반면교사로 삼으면 최소한 똑같은 우를 범하는 것을 막을 수 있다. 만약 그 사람이 '짠돌이'라면 당신은 너그럽게 베풀 줄 아는 사람이 되는 법을 배우게 될 것이고, 지나치게 까다로운 사람이라면 포용력 있는 사람이 되는 법을 배우게 될 것이다. 또, 자만에 빠져 우쭐대다 실패하는 사람을 거울로 삼는다면 겸손하고 성실한 태도의 중요성도 깨달을 수 있을 것이다. 물론 싫어하는 사람에게도 본받을 만한 장점이 많을 것이다. 그럴 땐 잘 참고해서 스스로의 단점을 극복하고 부족한 부분을 채워보자. 처음에는 싫어하는 사람이었더라도 그의 훌륭한 점을 배우면서 조금씩 그를 받아들이다보면 관계가 개선되는 것을 발견할 수 있을 것이다. 한 걸음 더 나아가, 진심으로 서로 돕는 관계로 발전할 수 있다면, 결과적으로 그 사람은 당신의 자산이 되는 것이다.

인생을 살다보면 다양한 사람들을 만나게 된다. 그 중에는 굉장히 끌리는 사람도 있을 것이고 주는 것 없이 미운 사람도 있을 것이다. 사실 끌리는 사람과 친해지기란 매우 쉬운 일이다. 문제는 어떻게 하면 싫은 사람과도 좋은 관계를 만들어갈 수 있는가하는 것이다. 다음에 제시된 방법을 참고해보자.

1) 양보하는 법을 배워라.

싫은 사람과 어울릴 때는 자신이 좀 손해를 보는 한이 있더라도 작은 일로 상대방과 얼굴을 붉히며 크게 다투지 말자. 양보할 줄 아는 사람이 되려면 스스로의 인격 수양에 신경을 써야 한다. 자기 자신에게는 엄격하되 타인에게 관대할 줄 아는 사람, 자기 관리를 철저하게 하는 사람, 객관적이며 이성적으로 타인을 평가할 줄 아는 사람, 겸손하고 신중하며 선량한 사람, 사소한 일로 남의 꼬투리를 잡지 않는 사람이 되어야 한다. 직장에서 혹은 일상생활 속에서 오해를 사거나 심지어는 다른 사람 때문에 손해를 보는 경우가 생길 수 있다. 이럴 때 사람들은 종종 자기감정을 조절하지 못해 충동적으로 다투곤 한다. 만약 이때 한 발자국 물러나서 화를 다소 가라앉힌 다음, 양보하는 자세를 취한다면 전혀 다른 결과를 얻을 수 있을 것이다. 이 밖에 어울리기 싫은 사람과 좋은 관계를 만들려면 절대 괜한 욕심을 부려서는 안된다. 나의 이익을 위해 다른 사람을 이용하고 무슨 일이든 내 마음대로 하려고만 한다면, 겉으로 보기에는 더 많은 이익을 얻는 것 같을지 몰라도 실은 가장 귀중한 것을 잃고 있음을 발견할 수 있을 것이다. 즉, 다른 사람의 신임을 잃게 될 수 있다는 뜻이다. 원칙에 위배되는 일이 아니라면 너그럽게 양보하는 모습을 보여주자. 자신이 '손해 보는 것처럼' 느껴지겠지만, 사실은 절대 그렇지 않다. 주변 사람들이 우호적으로 바뀌면서 당신에게 무한한 신뢰를 보내기 시작했다는 것과 베풀면 마음이 훨씬 편안해진다는 사실을 발견할 수 있을 것이다. 결국은 이 모든 것은 성공으로 이어지게 마련이다.

2) 먼저 마음을 열어라.

타인에게 먼저 손을 내밀고 진심으로 다가가 보자. 그러면 당신을 경계하고 적개심을 품었던 사람들도 당신을 진심으로 대할 것이다. 조심스럽게 예의를 갖추고 의사를 밝힌다면, 상대방도 귀를 기울이고 개선하려 노력할 것이다. 그러면 두 사람 관계도 자연히 좋아질 것이고 이에 따라 더욱 조화로운 관계를 만들어갈 수 있다.

3) 서로의 입장을 바꿔 생각해보자.

자신이 상대방이라고 생각하고 그의 입장에서 문제를 바라보자. 그러면 상대방의 마음을 훨씬 잘 이해할 수 있어서 잘못을 확실히 고칠 수 있다. 이는 두 사람의 관계 개선을 유도하여 더 화목한 분위기 속에서 함께 일하는 데 도움을 줄 것이다.

4) 타인의 성격도 이해하려 노력해보자.

당신이 누군가를 싫어하는 이유는 그 사람과 당신의 의견이 달라서 불쾌하기 때문이 아니라, 단지 서로 성격이 맞지 않기 때문이다. 사람마다 성격이 다르다는 것을 기억하자. 서로 잘 맞지 않더라도 좋은 인맥을 형성하는 데 그 사람이 꼭 필요하다면 그의 성격을 받아들여야 한다. 상대방을 있는 그대로 받아들이면 그 사람도 당신 그 자체를 존중해줄 것이고, 그래야만 당신의 목표를 이룰 수 있다.

상술한 원칙을 열심히 지킨다면 싫은 사람들과도 충분히 잘 지낼 수 있다. 자기도 모르는 사이에 성숙하게 대인관계를 처리할 수 있는 사람으로 변신하여, 누구와도 쉽게 잘 어울리고 상사의 무한한 신뢰를 바탕으로 좋은 성과를 낼 수 있을 것이다.

실천을 위한 조언

자신과는 좀 다른 사람, 싫은 사람과도 잘 어울리는 법을 배워 인맥을 수직적, 수평적으로 넓혀보자. 인맥이 곧 자산이므로 머지않아 당신을 정신적인 부자로 만들어줄 것이다.

Impossible
I'mpossible

점 하나의 차이가
당신을 성공자로 만듭니다.

당신은 아름다운 사람입니다

현재의 모습에 연연하지 않고

무한한 미래의 가능성을 향해 마음을 열고 기다릴 줄 아는 당신,

자신이 하고 싶은 말을 하기보다는

다른 사람의 이야기에 조용히 귀 기울일 줄 아는 당신,

대박의 환상, 성공한 이들의 화려함에 취하지 않고

진정한 최후의 승자가 되기 위해

다른 이들의 실패를 타산지석으로 삼을 줄 아는 당신,

당신은 진정 아름다운 사람입니다.